# 셀프 콤마

# 셀프 콤마

초판 1쇄 인쇄 2025년 11월 14일
초판 1쇄 발행 2025년 11월 21일

| | |
|---|---|
| 지은이 | 이종미 |
| 펴낸이 | 이종두 |
| 펴낸곳 | (주)새로운 제안 |

| | |
|---|---|
| 책임편집 | 문혜수 |
| 디자인 | 홍정현 |
| 영업 | 문성빈, 김남권, 조용훈 |
| 경영지원 | 이정민, 김효선 |

| | |
|---|---|
| 주소 | 경기도 부천시 조마루로385번길 122 삼보테크노타워 2002호 |
| 홈페이지 | www.jean.co.kr |
| 쇼핑몰 | www.baek2.kr (백두도서쇼핑몰) |
| SNS | 인스타그램(@newjeanbook), 페이스북(@srwjean) |
| 이메일 | newjeanbook@naver.com |
| 전화 | 032) 719-8041 |
| 팩스 | 032) 719-8042 |
| 등록 | 2005년 12월 22일 제386-3010000251002005000320호 |
| ISBN | 978-89-5533-672-6 (03190) |

- 이 책은 저작권법에 따라 보호를 받는 저작물이므로 무단 전재 및 복제를 금하며, 이 책의 전부 또는 일부 내용을 이용하려면 반드시 저작권자와 ㈜새로운 제안의 동의를 받아야 합니다.
- 잘못 만들어진 책은 구입하신 서점에서 바꾸어드립니다.
- 책값은 뒤표지에 있습니다.

열심히 살아도
허전한 당신을 위한
채움의 기술

,

# 셀프 콤마

Self Comma 이종미 지음

새로운제안

서문

,

## 멈춤의 시간, 나를 만나는 하루 한 번의 순간

---

　　일만 하는 삶과 일만 안 하는 삶 두 가지만 있다면 어떤 것을 선택하겠는가? 필자는 언제나 눈을 뜨면 할 일이 있는 삶을 살아야만 한다고 생각했다. '바쁘면 성공할 거야~'라는 한 목소리만 계속해서 들렸다. 일이 없는 하루가 아닌 일을 넣어야만 하는 하루에 갇혀 살고 있었던 것이다. 필자 또한 강사로의 삶을 살아가면서 자기검열은 더 심해졌고 세상과 나는 불일치된 삶을 사는 것 같은 생각에 휘말리곤 했다. 다른 사람의 말에 쫓기고 내 마음은 지옥이 되어 일상은 불만족으로 가득했다.

　　결국 나답게 사는 법을 잃어버리고 만 것이다. 그때부터 달리기만 하는 것에서 멈추는 연습을 하기로 했다. 나를 돌본다는 것이 무엇인지 찾아 나섰다. 매일의 나를 만나는 연습을 하고 그 이야기를 담아낼 수 있게 되었다.

집단상담과 교육을 하면서 다양한 대상들을 만났다. 표면상의 문제 없이 잘 지내는 줄 알았다는 분들이 많았다. 그럭저럭 괜찮은 삶을 살아가는 줄 알았다고 한다. 그런데 요즘 들어 이것저것 해봐도 늘 남는 것은 공허함과 허탈함이 든다는 분들이 많았다. 내가 가장 힘든 사람인 줄 알았는데 다 같은 감정을 느낀다는 것에 위로가 된다는 후기들도 많았다.

그렇다. 꼭 어떤 사건이 일어나야만 문제가 일어나야만 나타나는 반응이 아니다. 살아가면서 감기처럼 지나가는 소진의 그림자일 수 있다. 진짜 내면을 들여다보는 '시간의 틈'이 필요하다는 중요한 신호다. 잘사는 법보다 잘 쉬는 법이 중요하다는 관점이기도 하다.

달리기 어플을 키면 어디까지 가야한다는 '목표'도 중요하지만 지금 내가 얼마나 왔는지 어디쯤 있는지를 계속 알려준다. 달리기를 하면서 나는 '어디까지 가야 한다'는 목적지보다 '얼마나 왔는지', '어디쯤 있는지', '속도가 어떤지' 아는 게 더 중요하다는 걸 깨달았다. 가다가 지치거나 호흡이 가빠지면 잠시 쉬어 가도 된다. 우리의 삶도 이와 같다고 본다. 쉴 새 없이 앞만 보고 달리는 우리에게 가장 필요한 건, 바로 '지금, 여기'에 집중하는 것이었다. 오늘의 나에게 안부를 물어봐야 한다. 지금까지 걸어온 길을 되돌아보면서 하루하루의 나를 돌아보길 바라는 마음으로 이 책을 썼다.

1부에서는 앞만 보고 달려가는 것이 아닌 '멈춤의 중요성'을 들여다보고 2부에서는 흔들리는 '나를 이해하는 시간'을 통해 탐색하도록 한다. 3부에서는 감정과 욕구를 통한 '자기 돌봄의 실천력'을 높이고 4부에서는 일상속에서 '나를 돌볼 수 있는 기록과 실천의 실제'를 넣었다. 5부에서는 나를 지키기 위한 '관계에 대한 경계를 돌보는 방법'을 제시한다. 6부에서는 지속해서 돌볼 수 있도록 '매일의 나를 기록'하는 '하루 5분 챌린지'를 담아냈다.

매일 행복할 순 없지만, 행복한 매일은 있을 수 있다는 말이 있다. 사람이 만족스럽고 행복한 삶을 사는 것과 괜찮은 척, 행복한 척, 만족스러운 척 산다는 것은 완전히 다른 이야기다.
한두 번은 척하며 살아갈 수 있지만 점점 더 '척'의 옷이 두꺼워지면 질수록 그때부터는 내가 아닌 다른 사람이 된다. 나를 온전하게 만나는 것이 중요한 이유다.

 감히 말해보고 싶다. 이제는 뒤를 보아도 된다. 잠시 멈추어도 괜찮다고 하고 싶다. 잠시 그만두어도 언제든 시작하면 된다. 아무 일도 일어나지 않는 시간이 가장 필요했던 시간이다. 오늘, 지금의 나와 대화하며 만날 준비를 할 수 있기를 바란다.

,

**목차**

,

서 문.  멈춤의 시간, 나를 만나는 하루 한 번의 순간 — 004

## 1부. 치열한 당신에게 묻다
## 잠시 멈춤이 필요한 이유

| | | |
|---|---|---|
| 1 장. | 잠시 멈춤, 나를 위한 가장 **빠른** 성장 | — 017 |
| 2 장. | 인생 리부팅, 아주 보통의 '그만둠'에서 시작된다 | — 021 |
| , | 아주 보통의 하루 셀프 체크 노트 | — 024 |
| 3 장. | 일시정지가 필요한 시대 | — 027 |
| 4 장. | 바쁘게 채우는 삶 | — 030 |
| , | 채움 상태 점검 노트 | — 032 |
| 5 장. | 비움이 필요한 이유 | — 036 |

## 2부. 나를 이해하는 시간
### 흔들림 속에서 나를 마주하다

1 장. 나를 잃어버린 나에게 — 043
2 장. 멈추지 못하게 하는 내면의 이유들 — 047
3 장. 충분하지 않은 나 — 056
4 장. 결핍의 사슬 끊어내기 — 059
5 장. 타인의 시선에서 자유로워지는 길 — 062
6 장. 버티는 하루의 무게 — 066
7 장. 나를 가두는 자기 의심의 덫 — 070
8 장. 내가 누구인지 마주하는 순간 — 075

## 3부. 아주 보통의 '멈춤' 시작하기
### 감정 및 내면 관리

1 장. 틈새 감정 관찰하기 — 083
2 장. 조급함에서 자유로워지다 — 086
3 장. 양가감정의 늪: 행복한 것과 행복한 척은 다르다 — 089

| 4 장. | 상처를 받아들이는 용기 | — 092 |
| 5 장. | 불안은 적이 아니다 | — 096 |
| 6 장. | 완벽주의 내려놓고 마음 비우기 | — 099 |
| 7 장. | 내면 환경 세팅하기 | — 104 |
| 8 장. | 내 감정 들여다보기 | — 108 |
| 9 장. | 마음 온도에 맞는 셀프 케어 전략 | — 111 |
| ❜ | 감정 기록 케어 노트 | — 117 |
| 10 장. | 욕구 불일치가 일어났을 때 | — 122 |
| 11 장. | 숨겨진 욕구 관찰법 | — 128 |
| 12 장. | 발견한 욕구, 능동적인 채움의 기술 | — 132 |
| ❜ | 욕구 관찰 케어 노트 | — 138 |
| 13 장. | 진짜 감정 vs 가짜 감정 | — 142 |
| 14 장. | 핵심 감정과 도구적 감정 | — 146 |

## 4부. 멈춤을 일상으로
### 일상 및 습관 관리

| 1 장. | 나만의 '최적의 리듬' 찾기 | — 153 |

| | | |
|---|---|---|
| 2 장. | 놓쳐야 비로소 얻는 나만의 시간 | — 157 |
| 3 장. | 나만의 '멈춤' 루틴, 실천가이드 | — 161 |
| 🍃 | 힐링 노트 | — 166 |
| 4 장. | 자기 회복의 중요성 | — 169 |
| 5 장. | 마음의 여유를 찾는 연습 | — 172 |
| 6 장. | 일상 속 '몰입' 경험하기 | — 175 |
| 🍃 | 몰입 노트 | — 178 |
| 7 장. | 나를 돌보는 최소한의 루틴 | — 179 |
| 🍃 | 내 몸이 보내는 신호 체크 노트 | — 182 |

## 5부. 멈춤으로 관계 단단하게 만들기
### 관계 맺기 및 소통

| | | |
|---|---|---|
| 1 장. | 에너지를 지키는 관계 재설정 | — 187 |
| 2 장. | 필요한 경계 만드는 법 | — 192 |
| 🍃 | 나만의 경계 설정 노트 | — 197 |
| 3 장. | 관계 속에서 흔들리는 자존감의 실체 | — 201 |
| 4 장. | 혼잣말 대신 '자기 대화' | — 207 |

| | 자기 대화 노트 | — 211 |
| 5 장. | 나를 알아주는 힘 | — 214 |
| | 나 알아주기 노트 | — 217 |
| 6 장. | 나와 타인을 함께 살피는 시간 | — 222 |
| | 관계 돌봄 실천 노트 | — 225 |

## 6부. 멈춤, 그 이후 ─ 지속 가능한 변화

| 1 장. | 자유로운 삶 설계하기 | — 231 |
| 2 장. | 나를 있는 그대로 바라보기 | — 234 |
| | 나를 돌아봄 노트 | — 236 |
| 3 장. | 온전한 나를 위한 안전기지 만들기 | — 239 |
| | 진짜 '나' 노트 | — 243 |
| 4 장. | 긍정과 격려의 연습 | — 244 |
| | 자기 긍정 & 자기 격려 노트 | — 246 |
| 5 장. | 인지적 무기력 극복 가이드 | — 247 |
| | 생각 & 행동 연결 노트 | — 250 |

| | | |
|---|---|---|
| 6 장. | 하루 5분, 셀프 케어 습관 | — 253 |
| 💬 | 하루 5분 셀프힐링 노트 | — 261 |
| 7 장. | 내 안의 다양한 나를 품는 여정 | — 263 |
| 8 장. | 내적 동기로 강해진 나 | — 266 |
| 9 장. | 온전한 자기 돌봄을 위한 '액티브'의 힘 | — 270 |

1부

치열한 당신에게 묻다

잠시 멈춤이 필요한 이유

,

**1장**

## 잠시 멈춤, 나를 위한 가장 빠른 성장

,

### 어느 3년 차 직장인 K 씨의 하루

아침 7시 월요일, 오늘도 알람 소리를 끄며 하루를 시작했다. 벌써 몇 번 알람 스톱 버튼을 눌렀는지 모르겠다. 겨우 일어나 씻고 옷을 입었지만, 거울 속 내 모습은 지쳐 보였다. 출근길 지하철 안에서는 핸드폰 화면을 스크롤하며 멍하니 시간을 보냈다. 회사에 도착하자마자 이메일들을 확인했지만, 다 해결하지 못할 것 같은 일들만 쌓여 있었다. 회의 시간에도 머릿속은 복잡하고, 아무도 K 씨 의견을 듣고 싶어 하지 않는 것 같았다. 점심시간에 동료들과 나갔지만, 대화에 잘 끼지 못했다. K 씨가 여기 있어도, 없어도 별로 달라질 게 없을 거라는 생각이 들었다. 오후에도 업무를 하긴 했지만, 능률이 오르지 않았다. 해야 할 일은 많은데 어디서부터 손을 대야 할지 몰라 엉망진창이었다. 마감 기한이 다가오는 걸 알면서도 마음만 조급해졌다. 퇴근 시간. 다행히 오늘 하루도 끝났다는 안도감이 들었다. 하지만 집에 돌아와도 별다른 기대는 없었다. TV를 틀어놓고 소파에 누워있다가, 아무 생각 없이 스마트폰만 들여다봤다. 하루가 끝나갈 무렵, 문득 이렇게 살아가는 게 무슨 의미가 있는지 고민했다. 내일은 조금이라도 나아지길 바라며, 침대에 누워 하루를 마무리했다.

어딘가 별다른 점이 없어 보이는 일상이다. 하지만 K 씨의 하루에서 발견한 점 세 가지가 있다. 첫째, 무기력증이 있다. 둘째, 자기 관심이 낮다. 셋째, 부정적인 감정을 자주 느낀다.

바로 몇 년 전의 필자 모습과도 크게 다르지 않았기에 그 점을 간파할 수 있었다. 일을 하든, 무엇을 하든 의미 없이 나뒹굴고 있다는 것을 자주 느꼈다. 내가 원하는 삶보다는 삶은 일과 성과라는 지표로만 놓고 바라보았기 때문이다. 어느 순간 모든 것이 돈으로 보이기 시작했고 무엇을 하든 손에 쥐어지는 한 푼 두 푼이 나를 끌고 가는 목줄처럼 여겨졌다. 그렇게 나를 채근하는 동안 나의 일상도 함께 무너지고 있었다.

그러던 어느 날 아침 일찍 끼니를 채우려고 도시락 가게가 오픈을 하자마자 달려가 주문을 했다. 오픈런이어서 한가로운 분위기였다. 주문받은 메뉴를 건네받는 순간 미소가 가득한 얼굴의 사장님이 보였다. 그다음은 사장님의 말소리가 들렸다. "아침 맛있게 드시고요~! 국은 없어서 숟가락은 뺐는데 혹시 필요하실까요?"라며 질문을 했다. 그 말을 듣는 순간 나를 대하는 모습에서 존중감이 느껴졌고 설렘이 왔다. 종종 점심시간에 이용했을 때는 늘 북적거려서 나오기 바빴던 기억이 났다. 여유의 틈 사이로 건넨 눈빛과 배려의 인사가 나를 미소 짓게 했다. 그렇게 먹었던 밥은 그 어느 때보다 맛있었고 아침 일찍이면 그 밥이 생각났다.

가만히 생각해보니 어느새 상대의 말을 온전히 들어본 기억이 없었다. 사회생활을 하면서 피할 수 없는 관계 속에서 지쳐갔고, 사회라는 정해진 틀에 나를 억지로 끼워 맞춰야 한다는 압박감에 시달렸다. '그게 죽지 않고 사는 법'이라고 외치고 싶었다.

단순히 이익만 쫓아 살며 생계형이라고 치부했던 나의 삶을 송두리째 바꿔 놓았다. 생존이 아니라 존재로서 바라보는 법을 배웠다. 삶의 질을 높이며 진정한 의미를 찾고 있는 것이다. 크고 작은 평범한 순간들을 다시 돌아봐야 한다는 것이다. 처음 운전을 배울 때 앞으로 가는 법은 배웠지만 새로운 곳에 주차하는 것은 그때마다 마음을 졸였다. 계속 가는 법은 배웠으나 멈추는 법을 배우지 못해 허둥지둥했다. 초보운전자의 마음처럼 다시 초보일상러로 돌아가보기로 했다. 이는 단순히 일상을 살아가는 것을 넘어 그 속에서 작은 행복과 의미를 발견하고 스스로를 돌보며 삶의 질을 높이는 실천적 방법까지 들어갈 수 있다. 일상의 나를 끊임없이 관찰하게 되었다. 볼품없어 보였던 한 줄들이 수없이도 쌓이고 나서야 용기를 낼 수 있었다. 견디기 힘들고 괴로웠던 시간들에게 이제야 고맙단 인사를 건넨다.

일상이 쉬워졌기 때문이 아니다. 예측하기 어려운 우리의 일상이 어려울 때마다 풀 수 있는 방법이 있다는 것을 알았기 때문이다. 즉, 일상을 버텨내는 힘의 크기를 조금씩 키워가는 것이 먼저다. 나와의 관계에 집중하게 되는 놀라운 경험을 할 수 있다. 무기력한 하루에서 삶에 잔잔하게 젖어드는 활력감이 눈을 뜨게 할 것이다.

자꾸 내일이 두려운 누군가를 위하여, 과거에 집착하여 오늘을 허비하는 누군가를 위하여, 일상을 잘 보내는 것이 유난히도 어려운 누군가를 위하여, 하루 5분, 하루 한 번, 멈추는 법이 필요하다.

'최고의 돌봄은 돌아봄'이라는 것의 실체를 드러나게 하는 글이 되기를 바란다.

## 2장

# 인생 리부팅, 아주 보통의 '그만둠'에서 시작된다

,

### '특별해야 한다'는 강박에 길을 잃으셨나요?

　우리 사회는 유독 '특별함'을 강요하는 분위기다. 미디어와 SNS는 끊임없이 성공 사례와 화려한 삶을 보여주고 알게 모르게 그 기준에 자신을 맞추려 애쓰고 있다. 그 과정에서 조용히 평범하게 살아가는 사람들은 쉽게 무시당하거나 주목받지 못할 때가 있다.

　우리 사회는 평범함을 지루함, 심지어 무가치함과 동일시하는 위험한 발상을 가지고 있다. 이 왜곡된 시선이 우리 내면을 얼마나 옥죄고 있는지 돌아볼 필요가 있다.

필자 역시 평범함의 기준이 높았고 주변에 성공한 사람들을 맹목적으로 따라다니기 바빴다.

## 평범함을 외면한 삶의 끝에서 만난 것

끊임없이 일하며 경쟁했지만 만족스러운 삶보다는 언제나 부족한 자신을 원망하기 일쑤였다.

'나만 힘들다'는 생각에 사로잡힐수록 일상은 더 버거워졌다. 무기력하지만 않으면 다행이라며 앞만 보고 달리는 사이, '평범함'이라는 가치 있는 순간들을 놓치고 있었다. 소중한 사람들과의 시간, 먹고 마시고 자는 아주 사소한 일상이 주는 놀라운 힘을 깨닫지 못했던 것이다. 특별해야 한다는 강박 때문에 가장 기본적인 것들의 소중함을 잃어버린 것이다.

이 글을 쓰는 지금 강의하고 연구하는 것과 동시에 삶의 진짜 행복이 무엇인지 찾아 나가는 '쉼'의 여정 속에 있다. 삶의 진정한 의미는 언제나 특별한 순간이나 큰 성취에만 있는 것이 아니라는 것을 깨닫고 있다.

## '소확행', 갓생을 넘어 '아보하'로

점점 더 '나' 중심으로 흘러가는 핵개인화 시대가 깊어졌다. 사회는 빠르게 여러 세대로 나뉘었고 각자 다른 방식으로 자기 돌봄을 모색해왔다. 그 과정에서 우리는 다양한 삶의 태도들을 발견할 수 있었다. 예를 들어 일상 속 작지만 확실한 행복에 집중하는 소확행이 한 시대를 풍미했다. 또한 철저한 자기관리와 생산적인 삶을 추구하는 갓생 역시 많은 사람들의 공감을 얻었다. 하지만 이 갓생 뒤에는 더 나은 내가 되어야 한다는 끊임없는 자기계발 압박감이 그림자처럼 따라다녔다. 이처럼 자기계발에 대한 피로감이 커지자 더 나아져야 한다는 강박을 잠시 내려놓고 평범한 하루의 소중함을 되찾자는 움직임이 시작됐다. 바로 '아주 보통의 하루'를 지향하는 마음이 고개를 들기 시작한 것이다. '아보하'란 그냥 흘러가는 평범한 하루를 말한다. 특별히 계획하거나 의미를 찾으려 하지 않고, 있는 그대로의 일상을 받아들이는 것이다.

결국 '아보하'가 말하는 핵심은 '그만두는 용기'다. 사회적 기대, 남들의 시선, 끊임없이 더 나아져야 한다는 강박을 '그만두는' 것이다.

이러한 '아주 보통의 그만둠'을 통해 우리는 비로소 외부가 아닌 내면의 목소리에 귀 기울이고 자신만의 속도로 삶의 의미를 찾는 여정을 시작할 수 있다. 이것이 바로 진정한 '인생 리부팅'이다. 더 이상 남들과 비교하며 지치지 않고 내 삶의 평범함 속에서 단단한 행복을 쌓아가는 것. 그것이 핵개인화 시대에 우리에게 필요한 진짜 자기 돌봄의 방식일 것이다.

## 아주 보통의 하루 셀프 체크 노트

아보하(아주 보통의 하루)의 시각으로 지금의 내 일상을 돌아볼 수 있게 돕는 간단한 체크리스트예요. 점수를 내기 어렵다면 'YES/NO' 정도로 답변해도 좋아요. 어떤 진단을 하기 위함이 아닌 질문을 통해 돌아보게 하는 것이에요.

---

✓ 오늘 하루 중 소소한 행복을 느낀 순간이 있었나요?

✓ 일상 속에서 나 자신을 돌보는 시간을 가졌나요?

✓ 가족이나 친구와 의미 있는 대화를 나누었나요?

✓ 오늘 감사한 일을 3가지 적어보았나요?

① ─── ② ─── ③ ─── ④ ─── ⑤

YES   NO

✓ 현재의 순간에 집중하며 주변의 소리를 느껴보았나요?

① ─── ② ─── ③ ─── ④ ─── ⑤

YES   NO

✓ 누군가에게 따뜻한 말을 전했나요?

① ─── ② ─── ③ ─── ④ ─── ⑤

YES   NO

✓ 오늘 나의 감정 상태를 체크해보았나요?

① ─── ② ─── ③ ─── ④ ─── ⑤

YES   NO

✓ 소중한 사람에게 연락해보았나요?

① ─── ② ─── ③ ─── ④ ─── ⑤

YES   NO

## 아보하 셀프 체크 노트 점수별 해석

,

---

### ✓ 8점 이하
평범함을 느끼지 못하고, 일상 속에서 소소한 행복을 놓치고 있을 수 있습니다. 자신을 돌보는 시간을 늘리고, 주변과의 관계를 재점검해보세요.

### ✓ 9 ~ 16점
평범한 하루를 일부 느끼고 있지만, 더 많은 순간을 즐길 수 있습니다. 작은 것들에 감사하며, 일상 속에서 행복을 찾는 노력을 해보세요.

### ✓ 17점 이상
일상 속에서 소소한 행복과 의미를 잘 찾고 있습니다. 계속해서 이러한 순간을 소중히 여기고, 주변 사람들과의 관계를 더욱 강화해보세요.

---

낮은 점수여서 우울하고 무기력하기보다는 내 삶을 좀 더 풍요롭고 두텁게 해나가기 위해서 필요조건의 요소를 찾아봐도 좋겠다. 어떤 성과를 이루어내기 위한 질문은 아니나 누군가가 당신에게 질문해준다는 생각을 하면서 소리 내 읽어보면 더 좋다. 만약 바로 생각이 나지 않는다면 질문만 음미하는 마음으로 읽어보는 것만으로도 힐링이 될 수 있다.

**3장**

# 일시정지가 필요한 시대

,

## 재생에만 익숙한 삶, 일시정지의 의미를 묻다

모두에게 유튜브는 어느새 손안의 작은 TV가 됐다. 유튜브 알고리즘은 나의 취향을 꿰뚫어 보고 있었다. 보고 싶은 영상은 언제든 다시 볼 수 있었고 잠시 멈추고 싶을 때는 일시정지 버튼을 눌러두면 나중에 다시 찾아볼 수 있었다. 영상을 앞뒤로 빠르게 넘겨보며 보고 싶은 부분만 캡처하기도 하고 기억에 남는 장면들은 대화 주제가 되기도 했다. 문득 이런 생각이 들었다. 우리의 삶에도 되감기나 다시 재생 버튼만 있다면 어떨까?

'인생 리부팅'이라는 말이 있듯이 멈추거나 그만두는 것이 결코 단절만을 의미하지 않는다고 생각했다. 유튜브의 일시정지나 다시 보기 버튼처럼 언제든 삶을 되돌아보고 다시 시작할 수 있는 기회가 있다고 말이다. 손가락 하나만 까딱하면 쉽게 조작할 수 있는 영상처럼 '왜 우리 삶 속에서는 다시 보기, 앞으로 가기, 일시정지 버튼을 꽁꽁 감춰 놓았을까?' 하는 생각이 들었다. 언제든 다시 누르면 시작할 수 있는데도 말이다. 오직 성장과 성공만을 바라며 달려온 삶의 중심에는 '빨리 감기'만 있었다. 그래서 이 책을 읽는 모든 사람들에게 말해주고 싶다. 설령 일시적이라도 잠시 멈춰 서 있다는 것은 곧 또 다른 시작을 하겠다는 뜻이라고.

'아무것도 안 하면 아무 일도 안 일어난다'는 말이 있지만 정작 힘든 일이 터질 때는 소용없는 말이라고 생각했다. 좋지 않은 방향으로 흘러가지 않게 애써 막다 보니 이제는 제발 아무 일도 안 일어났으면 좋겠다고 두 손을 모으곤 했다. 그래서 필자는 뭐라도 했고 움직였다. 하지만 내가 가장 걱정했던 그 안 좋은 일은 일어나지 않았다. 내가 가장 힘들다고 멈춰 있다고 생각했던 그 시간조차 사실은 나를 지켜내기 위한 방법을 고민했던 소중한 시간으로 사용되고 있었던 것이다.

## 낡은 자동차의 비극: 외면한 경고등이 불러온 '강제 일시정지'

필자는 잔고장이 끊이지 않는 20년도 넘은 자동차를 끝까지 몰고 다니겠다고 고집했다. 심지어 그 차와 함께 전국 팔도를 누비고 다녔다. 심심하면 카센터를 드나들며 '고쳐만 달라'고 졸랐지만 늘 부품비만 낭비되기 일쑤였다. '하루라도 자동차가 움직이지 못하면 일을 못 한다'라는 생각 속에 박혀서 그냥 순간순간 고쳐쓰면 된다고 생각했다. 예감은 바로 불행으로 나타났다. 비가 쏟아지던 주말 어느 때처럼 교육을 가겠다고 차를 끌고 나섰다. 겨우 강의를 마치고 돌아오려는 무렵 유난히 차의 소리가 평소와 너무나도 달랐다. '에이~ 뭐 한두 번이야! 그냥 가보자!' 차의 상태는 저 멀리한 채로 앞만 보고 가다가 그만 차가 멈춰버렸다. 그 와중에도 어떻게든 시동을 다시 걸려고 시도했으나 알 수 없는 기계오작동음만 가득했다. 결국 '펑'하는 소리와 함께 연기가 솟아올랐다. 어떻게든 다른 차가 위험하지 않도록 길가에 차체를 최대한 붙여 겨우 세운 후 탈출하다시피 나왔다. 예견된 사고가 아닐 수 없었다. 이만하니 천만다행이었다. 이제는 차를 바꿔야 한다는 조언과 경고등은 언제나 함께 했었지만 설마 이렇게 하루아침에 망가질 줄은 몰랐다.

## 삶의 폐차장에서 찾은 '일시정지'의 본질: 진정한 나를 마주하는 시간

그 아찔했던 순간 나는 깨달았다. '조금만 더'를 외치며 위태롭게 달리던 내 모습도 이대로 가다간 결국 폐차될 차와 다를 바 없다는 것을. 잠시 아프거나 슬퍼할 틈도 없이 그저 열심히만 살면 된다는 믿음이 내 인생의 목표가 되어버린 후였다. 차가 완전히 멈춘 그 날 내 마음에도 비로소 '일시정지 버튼'이 눌러졌다. 나의 목숨과 안전과도 직결될 수 있었던 그날의 공포는 아주 강력한 신호경고음이 되어준 것이다. 마음의 경고등을 무시하면 무법자가 되어 활보하게 되는 것과 다를 바가 없다. 마음에도 일시정지가 필요하다.

**4 장**

# 바쁘게 채우는 삶

,

## 멈추지 못하는 채움의 이유

우리는 왜 이토록 바쁘게 살아가는 걸까? 무엇을 채우기 위해, 무엇을 얻기 위해 쉼 없이 달려가는 걸까? 텅 빈 통장을 채우기 위해, 미래를 대비하기 위해, 혹은 남들에게 뒤처지지 않기 위해 저마다 이유는 다르겠지만, 결국 우리는 무언가를 '채우는' 데 급급한 삶을 살고 있다.

배가 고프면 밥을 먹어야 하는 것처럼 우리 마음도 채워지지 않으면 허전함을 느끼기 마련이다. 이 마음의 빈틈을 채우기 위해 쉴 새 없이 무언가를 하고 있는지도 모른다. 심리학자들은 마음의 허전함을 "심리적 허기"라고 부른다. 특히 교류분석을 창시한 에릭 번은 인간에게 자극 허기, 인정 허기 같은 근본적인 심리적 욕구가 있으며 이것이 채워지지 않을 때 다양한 방식으로 표출된다고 설명했다. 우리가 외롭거나 불안할 때 필요 없는 물건을 충동적으로 사거나 배고프지 않아도 자꾸만 음식을 찾는 것 등이 바로 이러한 심리적 허기를 채우려는 행동이다.

바쁘게 채우는 삶은 단순히 업무량의 문제가 아니라 쌓여가는 책임감과 복잡해지는 관계 속에서 '나'를 지키고 미래를 준비해야 한다는 더 깊은 차원의 고군분투다. 겉으로는 여유로워 보일지 몰라도 속으로는 그 누구보다 치열하게 자신을 채워 넣으려고 애쓰는 것이다.

치열한 경쟁 속에서 살아남기 위해 끊임없이 무언가를 '해야만 한다'고 생각한다. 하지만 과연 그럴까? 정말 '해야만 하는' 일들로 가득 찬 삶이 나를 행복하게 만들고 있는지에 대해 생각해보아야 한다.

철저한 계획이 없는 삶은 방향키가 없는 삶이라 칭해온 지 오래다. 과연 그럴까? 계획 없이 살아가라고 채근하는 것이 아니라 비울 틈 없이 꽉꽉 채운 삶이 과연 행복이라고 말할 수 있을까 하는 시각이다. 그 안에는 못다한 말들이 있다고 생각한다. 온전한 나로써 만족하며 살아가는 시간은 과연 얼마나 되는지를 '채움 상태 점검 노트'를 통해 점검해보자!

## 채움 상태 점검 노트

이 노트는 각자의 일상에서 무엇을 얼마나 '채우고 있는지' 자연스럽게 돌아보기 위한 도구예요. 나의 하루 시간, 역할, 자기 자신을 위한 '채움 활동'이 어떻게 분배되어 있는지 뒤돌아보게 해주는 것이죠. 천천히 하나씩 적으면서 현재의 자신을 가볍게 체크해보세요.

### 시간 채움 시각표

아래 표에 일주일 동안의 스케줄을 시간대별로 간단히 적어보세요(예: 출근, 회의, 개인 업무, 식사, 운동, 휴식, 수면 등).

|   | 아침 | 점심 | 저녁 |
|---|---|---|---|
| 월 | | | |
| 화 | | | |
| 수 | | | |
| 목 | | | |
| 금 | | | |
| 토 | | | |
| 일 | | | |

## 역할 채움 체크리스트

,

지금 내가 맡고 있는 역할들을 쓰고, 역할별로 시간과 에너지 소비, 만족도를 체크해보세요. 각 항목은 1점(낮음/소비하지 않음)부터 5점(높음/매우 소진됨)까지로 매겨주세요. '시간(주당 평균)'은 일주일 동안 평균적으로 얼마나 시간을 투자하고 있는지, '에너지 소비'는 나의 몸과 마음이 느끼는 심리적, 신체적 피로감이나 부담감이 어느 정도인지 체크해보세요. '만족도'는 내가 느끼는 충족감이 어느 정도인지 마음속의 느낌을 따라 체크해주세요.

---

### # 직장인

- ✓ 시간(주당 평균)   1 — 2 — 3 — 4 — 5
- ✓ 에너지 소비   1 — 2 — 3 — 4 — 5
- ✓ 만족도   1 — 2 — 3 — 4 — 5

### # 자녀 / 부모 / 배우자

- ✓ 시간(주당 평균)   1 — 2 — 3 — 4 — 5
- ✓ 에너지 소비   1 — 2 — 3 — 4 — 5
- ✓ 만족도   1 — 2 — 3 — 4 — 5

( # 친구 )

- ✓ 시간(주당 평균)  ①—②—③—④—⑤
- ✓ 에너지 소비  ①—②—③—④—⑤
- ✓ 만족도  ①—②—③—④—⑤

( # )

- ✓ 시간(주당 평균)  ①—②—③—④—⑤
- ✓ 에너지 소비  ①—②—③—④—⑤
- ✓ 만족도  ①—②—③—④—⑤

( # )

- ✓ 시간(주당 평균)  ①—②—③—④—⑤
- ✓ 에너지 소비  ①—②—③—④—⑤
- ✓ 만족도  ①—②—③—④—⑤

## ✓ 자기진단 질문

당신에게 가장 중요한 역할은 무엇인가요?

................................................................................
................................................................................
................................................................................
................................................................................

현재 역할 분배가 균형 잡혀 있다고 느끼나요?

................................................................................
................................................................................
................................................................................
................................................................................

역할 수행에서 어려움이 있다면 구체적으로 적어보세요.

................................................................................
................................................................................
................................................................................
................................................................................

**5장**

# 비움이 필요한 이유

,

### 왜 우리는 늘 허기진 마음으로 살아갈까?

텅 빈 통장을 채우기 위해 경계한 미래를 대비하기 위해 혹은 남들에게 뒤처지지 않기 위해 우리는 끊임없이 무언가를 채워 넣는다. 하지만 아무리 채워도 마음 한구석은 늘 텅 비어 있다는 것을 느낄 때가 있다. 그것을 바로 '감정적 허기'라고 한다. 왜 우리는 그토록 허기진 마음을 채우지 못하는 걸까?

사회초년생 때 자동차 한 대를 사기 위해서 일을 하며 돈을 모았던 사람이 있다고 치자! 그렇게 해서 출퇴근용 차를 구매했음에도 불구하고 우리는 또 만족하지 못한다. 그다음에는 세단 또 그다음에는 덩치를 키우고 가격을 높이고 옵션을 꽉꽉 채운다. 그렇게 경력이 늘어가는 동안 어느새 남은 건 끊이지 않는 자동차 할부금일 수 있다. 분명 갖고 나면 채워질 줄 알았던 마음은 '더 더 더'를 외치고 있다는 것이다.

어쩌면 우리는 '진짜'가 아닌 '가짜'를 채우려 하고 있는지도 모른다. 돈, 명예, 성공 겉으로는 화려해 보이지만, 속은 텅 비어있는 것들을 좇고 있는 것을 모르고 갈 때가 있다.

만약 그것이 목적지였다면 이미 채워져 있거나 만족하는 삶을 누려야 할텐데 끝도 없이 해내는 법만 배우느라 채워지지 않는 마음을 들고 살아가게 된다. 보통 바쁜 사람들은 비울 것을 고민하기보다는 채울 것을 생각한다. 그래서 잠시라도 여유가 찾아오면 오히려 불안하거나 어색함을 크게 느끼게 된다. 늘 갖춰진 계획표가 있어야 하고 없는 계획도 만들어야만 해서 짜임새있는 하루라고 그럴싸하게 만족을 외치고 있지는 않는가? 이제는 채워야 할 것이 아니라 비워야 할 때가 온 것이다.

## 비움의 정의와 경고 신호들: 불균형이 보내는 긴급 메시지

쉽게 말해 쉼의 타이밍을 통해 안 바쁜 틈을 미리 만들어낼 수 있어야 한다는 것이다.

비운다는 건 무작정 모든 걸 내려놓는 게 아니라 나를 갉아먹는 것들로부터 '선택적'으로 거리를 두는 것이다. 쉴 틈 없이 돌아가는 일상에서 '진짜 중요한 것'과 '그렇지 않은 것'을 구분하고 후자를 과감하게 '삭제'하는 것이다. 단순히 시간이나 공간을 비우는 것을 넘어 에너지와 감정을 소모시키는 관계, 습관, 생각까지 정리해서 '나'라는 사람의 본질에 집중하는 것이라고 정의할 수 있다.

이처럼 나의 본질에 집중하기 위한 '비움'을 제대로 시작하려면, 지금 내 마음이 어떤 상태인지 정확히 아는 것이 먼저이다. 혹시 다음과 같은 심리적 상태 중 내가 속한 것이 있지는 않은지, 한 번 살펴보자.

✓ **보어아웃** Boreout
주요 특징: 일이 너무 없어 지루하고 따분함. 시간을 때우는 데 급급.
감정 상태: 공허함, 무기력함, 의미 없다고 느낌.

✓ **조용한 사직** Quiet Quitting
주요 특징: 딱 정해진 업무만 하고 그 이상은 거부. '워라밸' 중시.
감정 상태: 냉소적, 무관심, 에너지를 아끼려는 방어적인 마음.

✓ **브라운아웃** Brownout
주요 특징: 에너지와 열정이 서서히 고갈. 만성 피로, 집중력 저하.
감정 상태: 짜증, 무기력감, 지침, 회의적.

✓ **번아웃** Burnout
주요 특징: 신체적/정신적으로 완전히 소진. 업무는 물론 일상생활도 힘듦.
감정 상태: 극심한 피로, 우울, 경계, 절망감, 자기 비난.

결국 이 모든 상태들은 우리가 '채움'과 '비움' 사이의 균형을 잃었을 때 찾아오는 경고 신호인 셈이다. 보어아웃처럼 '채울' 게 없어서 공허하든, 브라운아웃이나 번아웃처럼 너무 많이 '채워 넣다가' 고갈되든, 아니면 조용한 사직처럼 '채움'의 속도를 늦추는 방식으로 저항하든 말이다.

바쁘게 살아가는 우리들에게 '비운다'는 것은 단순히 쉬는 걸 넘어 나를 지키고 재충전해서 다시 앞으로 나아갈 힘을 얻는 생존 전략이 될 수 있다. 진짜 나에게 중요한 것이 무엇인지 돌아보는 성장의 과정이라는 걸 잊으면 안된다.

하지만 그 속에서 정작 '나'를 돌보는 시간은 점점 사라지고 있다. 2부에서는 왜 우리는 무엇을 채우려 하면서도 정작 비워야 할 것을 하지 못해 망설이고 있는지 함께 살펴보려 한다.

끊임없이 달리는 것이 힘든 것이 아니라 달려도 달려도 채워지지 않는 것 때문에 더 괴로움을 유발할 때가 있다. 채워도 채워지지 않는 마음 앞에서 할 수 있는 것이라곤 눈에 보이는 훈장처럼 더 좋은 결과지를 얻어낼 뿐이였다.

2부

## 나를 이해하는 시간

흔들림 속에서 나를 마주하다

1장

## 나를 잃어버린 나에게

,

한국화를 비롯한 전통 예술에서는 '여백餘白'을 매우 중요하게 여긴다. 그림이나 글씨에서 아무것도 그려지지 않거나 쓰이지 않은 빈 공간이야말로 작품의 품격을 더하고 보는 이로 하여금 상상력을 발휘하게 하는 힘이 있다고 믿기 때문이다. 여백은 단순히 '남은 공간'이 아니라, '채워진 것'들을 돋보이게 하고 전체적인 조화와 균형을 잡아주는 필수적인 요소다. 우리 삶도 마찬가지다. 빽빽하게 채워진 일정과 소유물 속에서는 정작 소중한 것들이 가려지기 쉽다. 일과 일 사이에 숨통 트일 여백이 없고, 관계 속에 혼자만의 공간이 없다면, 우리는 쉽게 지치고 번아웃될 것이다.

삶의 '여백'을 의도적으로 만들 때 우리는 비로소 중요한 것들에 집중할 수 있고 그 의미를 깊이 이해할 수 있다. '비움'은 바로 이 '여백의 미'를 삶 속에 들여놓는 과정일 수 있다. 바쁘게 채우는 것들 사이사이에 의도적인 멈춤과 비움의 공간을 만들 때 우리의 삶도 더 선명해질 수 있다.

## 일터에서 길을 잃다

어느 날 문득, 우리는 '나'를 잃어버렸다는 사실을 깨닫곤 한다. 사회에서 시키는 대로 살고, 남들이 원하는 모습에 맞추다 보니 진짜 내 감정이나 내가 원하는 걸 잃어버리는 것이다. 결국 '나'는 없고, 그저 해야 할 일만 하는 내가 남아 있을 때가 많다. 이래서 마음이 아무리 채워도 계속 허전하고 비어있는 듯하다.

이렇게 나 자신에게서 멀어지는 느낌은 특히 우리가 살아가는 곳에서 더 심해질 때가 많다. 마치 내가 큰 회사나 조직 속 하나의 '부품'처럼 느껴질 때가 많다. 내가 하는 일의 결과도 내 마음대로 할 수 없고, 그저 시키는 대로만 기계처럼 반복해서 일한다. 공장에서 부품을 조립하거나 하루 종일 컴퓨터만 보며 일하는 것처럼 말이다. 내 재능이나 개성을 보여줄 기회는 사라지고, 그저 시킨 일만 정해진 시간에 해내는 사람이 되어가는 것이다.

하지만 이런 식으로 나를 잃어버린 채 일하는 환경은 나라는 존재를 자꾸만 억누르고 왜곡시킨다. 자신이 하는 일에서 아무 의미를 찾지 못하고 내가 만든 결과물에 대해서도 아무런 애착을 느끼지 못한다. 결국 내가 하는 일이 '나'와는 아무런 관련이 없는 것처럼 느껴지기도 한다.

"나는 그저 돈을 벌기 위해 이 일을 할 뿐이야."
아마 많은 직장인들이 속으로 되뇌는 말일 것이다. 우리는 이 세상에 '일'이 되기 위해 태어난 것이 아닌데, 마치 '일' 그 자체가 되어 살아가고 있다. 자신의 일에서 보람이나 만족감을 느끼지 못하고, 오로지 생계 유지나 더 나은 조건을 위한 수단으로만 여기는 순간, 우리는 이미 우리 자신을 잃어 가는 깊은 수렁에 빠져들고 있는 것일 수 있다. 이렇게 일터에서 '나'를 잃어버린 채 기계처럼 살다 보면, 일터 밖에서도 '진짜 나'를 마주하기는 더 어려워진다.

## 사회 전 영역으로 확산되는 '소외'의 그림자

하지만 '나'를 잃어버리는 이런 현상이 일터에서만 벌어지는 건 아니다. 경쟁과 효율을 중시하는 요즘 사회의 가치는 우리 삶 곳곳에 스며든다. 사람들과의 관계, 물건을 사는 소비 활동, 심지어 쉬는 시간이나 여가 생활에서도 '나다운' 모습이 아닌 다른 모습을 찾게 되는 것이다.

인간관계에서도 우리는 이런 소외감을 느낀다. 진심을 다해 소통하기보다 남들에게 '좋아 보이는 나', '성공한 나'의 이미지를 보여주는 데만 바쁘다. 관계마저도 어떤 목적을 이루기 위한 수단으로 생각하거나, 그저 피상적인 만남만 쌓아가는 데 신경 쓰는 경우가 많다.

물건을 사는 소비에서도 마찬가지다. 정작 내가 필요한 것이 아님에도 광고나 유행에 이끌려 무작정 물건을 사곤 한다. 물건을 소유하는 것에서 행복을 찾으려 하지만, 그때뿐인 일시적인 만족감만 있을 뿐 마음속 허전함은 채워지지 않는다.

심지어 쉬는 시간이나 여가 활동에서도 그렇다. 편히 쉬는 시간조차 효율적으로 써야 한다는 압박을 느끼곤 한다. 진정으로 즐기고 휴식하기보다 남들이 하는 여가 활동을 따라 하거나, 소위 '핫플레이스'를 찾아다니며 '인증샷'을 남기는 데 몰두한다.

**2장**

# 멈추지 못하게 하는 내면의 이유들

,

## '일 = 나'라는 굴레에서 벗어나기

필자는 어린 시절부터 '일을 하지 않는 삶은 가치 없다'고 여겼다. 아무것도 하지 않으면 쓸모없는 사람이 될까 봐 늘 두려웠다. 누군가가 겉으로 나를 압박하지 않았지만 내면의 결핍을 채우기 위한 나만의 원동력은 오직 '돈을 버는 것'이었다. 그냥 흘려보내는 시간은 무의미하게 느껴졌고 통장에 한 푼 두 푼 쌓이는 돈만이 나를 살게 하는 생명줄처럼 느껴졌다.

대학교 때는 '알바녀'라는 별명이 붙을 정도로 수업이 끝나기 무섭게 다음 아르바이트 장소로 달려가기 바빴다. 그렇게 열심히 바쁘게 살면 언젠가 모든 것을 이룰 수 있을 거라 믿었다. 또 남들보다 앞서가고 있다고 생각하기도 했다. 하지만 시간이 흐를수록 자꾸만 이런 의문이 들었다. '나는 일하기 위해 태어난 것일까?' 아니면 '일이 나를 태어나게 한 것일까?' 일과 내가 서로 분리되지 않는 듯한 혼란스러움 속에서 길을 잃을 때가 많았다.

## 사회적 가치와 자기 동일시의 함정

우리는 사회적으로 '얼마나 버는지', '어떤 직업을 가졌는지'로 자신을 평가하는 경향이 강하다. 이러한 분위기 속에서 많은 이들이 자신의 가치를 일의 성과나 수입에 연결 짓게 된다. 『일하지 않을 용기』의 저자 데이비드 프레인은 바로 이 지점을 짚어내며 일과 나를 동일시하는 것에서 벗어나는 용기가 필요하다고 역설한다.

만약 우리가 일과 나를 분리하지 못한다면 어떻게 될까? 일에서 만족스러운 성과를 얻지 못하거나 자신이 하는 일이 사회적으로 크게 인정받지 못하는 일이라고 느껴질 때 우리는 쉽게 '쓸모 없는 사람'이라고 여기기 쉽다. 혹은 '일개 직원 나부랭이'처럼 느껴지며 자존감이 흔들리기도 한다.

물론 일을 통해 성취감을 느끼고 성장하고 싶은 마음은 자연스러운 것이다. 일을 한다는 건 나를 증명하고, 세상에 기여하고 싶은 마음에서 시작될 수 있다. 하지만 진짜 문제는 퇴근 후나 휴가 중에도 일을 평가하던 그 기준으로 나 자신과 주변을 바라볼 때 일어난다. 일터 밖에서도 여전히 일의 잣대로 삶을 평가하며 일 외의 다른 내 삶의 의미를 찾지 못하게 되는 것이다.

## 내면을 끝없이 채우려는 심리

인간이 가진 결핍을 어떤 대상이나 행동이 채울 수는 없다는 것이다. 자립적 해결이 아닌 의존은 결국 오래갈 수 없으며 발전이 아닌 후퇴만 남게 되는 것이다.

하지만 그런 아픔과 상처들은 누구나 한 번쯤은 겪지 않는가? 우리가 몸만 어른이 되었을 뿐 마음속 어린아이는 여전히 우리 안에 살아 남아있는 법이다. 그렇기에 중요한 것은 그 아픔을 다시 한 번 극복하고 성장할 기회를 스스로 만들어가는 일이다.

결핍과 상처는 삶의 일부이며 이를 통해 성장하고 배우는 과정이 더 중요하다. 그러나 그 과정이 항상 긍정적이지 않다는 것을 인식하는 것도 필요하다. 상처와 결핍은 서로의 관계와 개인의 성장에 복합적인 영향을 미치며, 이는 종종 쉽지 않은 여정이 될 수 있기 때문이다.

결핍은 물질적, 정서적, 사회적 목표 등 여러 형태로 존재한다는 것을 알았다. 나의 삶에서 오랫동안 이어져 왔던 물질적인 결핍은 치부를 드러내는 그것으로 생각했다. 마치 그것만 해결된다면 온전한 인간 내지는 행복이 찾아오는 줄 알았다.

물질적 결핍 속에서도 기본적인 욕구는 물론 자기실현의 욕구가 충돌했던 것이 나를 더 괴롭게 만들었다. 결핍의 충돌도 일어날 수 있다고 본다. 나보다 네가, 너보다 내가 더 결핍의 크기가 크다고 할 수 없는 이유도 그 때문이다. 개인이 처한 상황에 따라서 결핍의 경중은 다를 수 있고 똑같은 무게의 결핍을 동등하다고 볼 수도 없다.

내가 아무것도 하지 않으면 내 가치가 줄어들고 내가 없어진다는 생각이 들었기 때문에 일에 의존했다. 아등바등 살아야 하는 이유였고 가까스로 존재를 찾으려는 노력에 이유를 붙인 것이다. 아무것도 하지 않는 것을 선택하려고 하면 할수록 더 채워야 한다는 중압감으로 다가올 수 있는 것이다.

## 쉼의 가치 찾기

경제적 어려움을 극복하기 위해 과도하게 일하고 쉬지 않는 생활을 지속했다. 하지만 그럴수록 건강은 물론 가족에게도 감정 쓰레기통이 되어 추구하는 행복과는 거리가 멀어져 갔다. 결핍이 결핍을 확산시키는 부정적 처리 방법이다. 한마디로 악순환이 되는 것이다.

그렇게 멈추는 법을 모르고 '쉼'은 그렇게 멀어져 가고 낭비라고 여기며 게으름뱅이 취급을 당할까 봐 안절부절못하다가 하루가 간다.

아무것도 하지 않는 시간을 무의미한 것으로 치부할 수밖에 없었다. 일이 없는 시간에조차 '내가 지금 시간을 낭비하고 있나'라는 생각에 잠겨 있게 되는 경우가 많기 때문이다.

그러나 이제는 결핍과 상처를 인정하고 받아들이는 과정이 필요하다는 것을 깨닫게 된다. 그 누구도 완벽한 삶을 살 수는 없으며, 상처를 치유하는 여정은 나를 더 단단하게 만드는 중요한 경험이 될 수 있다. 나는 이 악순환을 끊기 위해 나 자신을 돌보기로 결심했다. 아무것도 하지 않는 시간이 결코 낭비가 아니며, 오히려 삶의 균형을 찾고 새로운 힘을 얻을 수 있는 귀중한 시간이라는 점을 깊이 새기게 되었다. 이제는 나를 돌보는 삶의 여정을 통해 진정한 행복에 가까워지고자 한다.

## 내면 결핍의 그림자 2가지

우리 안에는 우리를 계속 달리게 만드는 더 깊은 이유들이 있다. 심리학에서는 인간의 동기를 설명할 때 두 가지 중요한 개념을 이야기한다. 매슬로우의 욕구위계이론에서 중요하게 나온 결핍동기Deficiency Motivation와 성장동기Growth Motivation다. 이 두 가지 동기를 이해하는 것이 우리가 왜 틈을 못주는지 그리고 어떻게 심표를 찍을 수 있을지를 이해하는 중요한 열쇠가 된다.

결핍동기는 말 그대로 무언가 부족하거나 결핍되어 있기 때문에 발생하는 동기다. 배고프면 밥을 먹고 싶은 것처럼 기본적인 욕구(생리적 욕구, 안전 욕구, 소속감 욕구, 존중 욕구)가 충족되지 않았을 때 이를 채우기 위해 움직이는 것이다.

반면에 성장동기는 기본적인 결핍이 채워진 후에 나타나는 동기다. 자신의 잠재력을 실현하고 싶고 더 나은 사람이 되고 싶고 배우고 탐구하는 과정 자체에서 기쁨을 느끼는 것이다. 매슬로의 욕구 단계에서 '자아실현 욕구'가 여기에 해당된다.

## 멈추지 못하게 하는 결핍동기

즉, 결핍동기는 한참 사회에서 살아가는 누군가에게는 종종 '일'과 '인정'의 형태로 나타난다.

우리 사회는 개인의 가치를 직업, 연봉, 성과 등으로 평가하는 경향이 강하다. 때문에 많은 이들이 '나는 어떤 일을 하는 사람'으로 자신을 정의하고, 일에서의 성공이나 타인의 인정 없이는 스스로 가치 없다고 느끼기도 한다. '나는 충분하지 않다'는 내면의 결핍감이 계속해서 더 많은 성과를 향해 달리게 만드는 동기가 되는 것이다. 뒤처질지도 모른다는 두려움이 크다. 끊임없이 변화하는 사회와 치열한 경쟁 속에서 '지금 멈추면 나만 뒤처질 거야'라는 경계감은 강력한 결핍동기로 작용한다.

자, 이걸 우리 삶에 적용해 보자. 결핍동기의 예시다.

- 첫째, 안전/존중 결핍 회피: 회사에서 특정 기술(예: 데이터 분석, 특정 툴)을 모르면 뒤처지거나 평가가 안 좋을까 봐 경계해서 억지로 강의를 듣는 경우.

- 둘째, 소속감/존중 결핍 경계: SNS에서 남들의 화려한 커리어, 끊임없는

자기계발 모습을 보고 '나만 가만히 있으면 안 될 것 같아!'라는 생각에 조급하게 무언가를 시작하는 경우.

- **셋째, 존중 결핍 충족:** 승진이나 연봉 인상이라는 외부적인 보상만을 목표로 일에 매달리고, 목표 달성 후에는 금방 허무함을 느끼는 경우.

- **넷째, 애정/존중 결핍 보상:** 어릴 때 부모님이나 주변 사람들에게 충분히 인정받지 못했다는 느낌 때문에, 성인이 되어서도 일에서의 성공이나 타인의 칭찬에 과도하게 집착하는 경우.

우리의 동기는 순수한 배움이나 성장의 기쁨보다는 '뒤처지지 않으려는 경계', '인정받고 싶은 욕구', '결핍을 채우려는 마음'에 뿌리를 두고 있을 가능성이 높다. 결핍동기는 단기적으로는 효과가 있을지 몰라도 결핍이 채워지면 동기가 사라지거나 채워도 채워도 끝이 없는 허무함으로 이어지기 쉽다.

## 나를 충만하게 하는 성장동기

그렇다면 성장동기는 무엇일까? 성장동기는 기본적인 결핍이 채워진 후에 나타나는 내 안에서 자연스럽게 솟아나는 동기다. 외부의 압력이나 부족함 때문이 아니라 순수하게 배우고 싶고 탐구하고 싶고 자신의 잠재력을 실현하고 싶은 마음에서 비롯된다.

그렇다면 '성장동기'의 예는 어떤 모습일까?

- 탐구/이해 욕구: 당장 업무에 필요하지 않아도, 순수하게 그 분야가 재미있고 궁금해서 관련 책을 찾아 읽거나 스터디에 참여하는 경우.

- 자아실현 욕구: 어려운 프로젝트를 맡았을 때 결과보다는 문제를 해결하고 새로운 것을 배우는 과정 자체에서 큰 만족과 즐거움을 느끼는 경우.

- 성장 기반의 소속감/관계 욕구: 함께 일하는 동료들과 경쟁하기보다는 서로 배우고 지지하며 함께 성장하는 관계에서 기쁨을 느끼는 경우.

성장동기는 외부의 압력이나 결핍 때문에 생기는 것이 아니라 내 안에서 자연스럽게 솟아나는 '하고 싶다'는 마음에서 시작된다. 그래서 꾸준히 지속되고 과정 자체가 즐거우며 진정한 만족감과 자아실현으로 이어질 가능성이 높다.

배움 그 자체의 즐거움이다. 당장 돈이 되거나 업무에 필요하지 않더라도 순수하게 그 분야가 재미있고 궁금해서 관련 책을 찾아 읽거나 스터디에 참여하는 것을 예로 들 수 있다. 과정에서 느끼는 만족감이다. 어려운 문제를 해결하고 새로운 것을 만들어내는 과정 자체에서 성취감과 기쁨을 느끼는 것, 결과보다는 과정에 몰입하는 힘이다.

진정한 자아실현의 욕구다. 타인의 시선이나 평가가 아닌 내 안의 목소리에 귀 기울여 내가 진정으로 하고 싶은 일을 찾아 나서는 용기다. 성장동기는 외부적인 보상이나 타인의 인정이 없더라도 꾸준히 지속될 수 있는 힘이 있다. 과정 자체가 즐겁기 때문에 지치지 않고 몰입할 수 있으며, 진정한 만족감과 내면의 충만함으로 이어진다.

**3장**

# 충분하지 않은 나

,

## 아무리 채워도 채워지지 않는 마음

 스마트폰 배터리가 거의 다 찼는데도 왠지 모르게 충전기를 꽂아두는 사람들이 있다. '완벽하게 100%가 아니면 안 돼', '혹시 모를 상황에 대비해야 해'라는 마음이 깔려 있는 것이다. 이는 자신의 상태가 '완벽하게 충족되지 않으면' 불안하고 항상 '만반의 준비'가 되어 있어야 한다는 강박적인 마음과 연결될 수 있다. 조금의 부족함도 견디지 못하고 계속 채우려 드는 모습이 아닐까 싶다.

 우리는 앞에서 멈추지 않고 끝없이 달리는 습관의 이면에 결핍동기가 숨어 있을 수 있다는 이야기를 나누었다. 어릴 적 채워지지 않은 인정 욕구나 사랑의 결핍이 성인이 되어서도 우리를 계속 달리게 만드는 원동력이 될 수 있다는 것이다.

그런데 이 결핍동기는 우리에게 또 다른 어려움을 안겨준다. 바로 '이만하면 됐다'라고 스스로에게 말하기 어렵게 만든다는 것이다. 아무리 노력하고 성과를 내고 무언가를 이루어도 마음 한구석에서는 '아직 부족해', '더 해야 해'라는 목소리가 끊이지 않는다. 왜 우리는 '이만하면 됐다'는 말 앞에서 망설이고 주저하게 되는 걸까?

## 결핍의 사슬: 당신을 묶는 이유들

이러한 마음의 기저에는 '나는 충분하지 않다'는 깊은 결핍감이 자리 잡고 있다. 그리고 이 결핍감은 마치 밑 빠진 독과 같아서 아무리 무언가를 쏟아부어도 채워지지 않는 것처럼 느껴진다. 일에서의 성공, 타인의 인정, 물질적인 소유, 이러한 외부적인 것들로 내면의 결핍을 채우려 할수록 잠시 만족감은 느낄지언정 근본적인 허무함은 사라지지 않는다. 이것이 바로 결핍의 사슬이다.

결핍의 사슬은 우리를 끝없이 달리게 할 뿐만 아니라 '이만하면 됐다'는 말 자체를 허락하지 않는다. 왜냐하면 '이만하면 됐다'고 말하는 순간 그동안 애써 외면해왔던 내 안의 부족함과 마주해야 할지도 모른다는 두려움이 올라오기 때문이다. 그렇다면 우리는 왜 '이만하면 됐다'고 쉽게 말하지 못하는 걸까? 거기에는 몇 가지 이유가 있다.

첫째, 성과 중독 때문이다. 결핍을 채우기 위해 성과에 매달리다 보면 성과 자체가 목적이 되어버린다. 성과가 없으면 내 가치도 없다고 여기게 되니 당연히 '이만하면 됐다'고 멈출 수가 없다. 계속해서 다음 성과를 향해 달려야만 존재 가치를 느끼는 상태가 되는 것이다.

둘째, 비교의 덫이다. 사회적으로 그리고 SNS를 통해 우리는 끊임없이 타인과 비교당하고 스스로를 비교한다. 나보다 더 잘 버는 사람, 더 좋은 차를 타는 사람, 더 완벽한 몸매를 가진 사람 등 이러한 비교 속에서 '나는 아직 부족하다'는 결핍감은 더욱 커지고 '이만하면 됐다'는 생각은 감히 할 수도 없게 된다.

**4 장**

# 결핍의 사슬 끊어내기

,

## 결핍의 사슬, 어떻게 끊어낼 것인가

그렇다면 이 강력한 결핍의 사슬을 어떻게 끊어낼 수 있을까? 외부에서 무언가를 더 가져와 채우는 방식으로는 절대 끊어낼 수 없다. 사슬을 끊어내는 힘은 바로 우리 내면에서 시작된다.

✓ **결핍의 존재를 인정하고 마주하기**

첫 번째 단계는 '나는 충분하지 않다'는 내 안의 결핍감을 인정하는 것이다. 이 감정을 외면하거나 부정하는 대신 '아, 내 안에 이런 결핍감이 있구나' 하고 알아차리고 마주하는 용기가 필요하다. 어린 시절의 경험이나 사회적 압박 등 그 뿌리를 이해하려 노력하는 것도 도움이 된다.

### ✓ '충분함'의 기준을 내 안으로 가져오기

사회나 타인이 정해놓은 '충분함'의 기준에서 벗어나 나만의 기준을 세우는 연습을 해야 한다. 내가 진정으로 중요하게 생각하는 가치는 무엇인지 어떤 상태일 때 만족감을 느끼는지 스스로에게 질문을 던져보는 것이 중요하다. 외부의 잣대가 아닌 내면의 목소리에 귀 기울이는 것이 중요하다.

### ✓ 성과가 아닌 '나' 자체의 가치 발견하기

나의 가치가 일의 성과나 타인의 인정에 달려 있지 않다는 것을 받아들이는 연습을 해야 한다. 나는 그저 숨 쉬고 존재하고 있다는 사실만으로도 충분히 가치 있는 사람임을 스스로에게 말해주어야 한다. 일 외의 다른 영역(관계, 취미, 휴식 등)에서도 나의 가치를 발견하고 인정하는 것이 중요하다.

### ✓ 자기비난 대신 자기연민 연습하기

결핍동기는 종종 가혹한 자기비난으로 이어진다. '나는 왜 이것밖에 안 될까', '더 열심히 했어야 했는데' 와 같은 생각 대신, 힘들고 부족함을 느낄 때 스스로에게 따뜻한 위로와 격려를 건네는 자기연민 연습이 필요하다. 완벽하지 않은 나 자신을 있는 그대로 받아들이는 것이 사슬을 끊는 강력한 힘이 된다.

✓ 성장동기로 무게 중심 이동하기

결핍을 채우기 위한 달리기가 아닌 순수한 호기심과 배움의 즐거움에서 비롯되는 성장동기에 집중해보자. 결과보다는 과정을 즐기고 타인과의 비교 대신 어제의 나보다 조금 더 나아진 오늘의 나에게 집중하는 연습을 통해 성장동기를 키울 수 있다. '이만하면 됐다'는 말은 포기나 나태함이 아니다. 그것은 '나는 지금 이대로도 괜찮다'는 자기 긍정이며 끝없는 결핍의 사슬에서 벗어나 진정한 만족과 평화를 찾겠다는 용기 있는 말임을 알아차려야 한다.

이 내용을 통해 여러분도 자신의 내면 깊숙한 곳에 숨어 있는 결핍의 그림자를 마주하고, 그 사슬을 끊어낼 힘이 자신 안에 있음을 발견하였길 바란다. '이만하면 됐다'고 스스로에게 따뜻하게 말해줄 수 있을 때, 비로소 우리는 멈춰 서서 단단한 '나'를 세우는 여정을 시작할 수 있다. 다음 내용에서는 '이만하면 됐다'고 말한 후, 그 멈춤의 시간 속에서 어떻게 나를 돌보고 재정비하며 진짜 나를 세울 수 있는지 구체적인 방법들을 함께 이야기 나누겠다.

**5장**

# 타인의 시선에서 자유로워지는 길

,

## 외부 시선으로부터의 해방

마이너스 11디옵터, 그건 내가 가진 시력이다. 심한 고도근시라 안경 없이는 앞을 제대로 볼 수 없고, 일상생활이 전혀 불가능하다. 그래서 나는 밤마다 달리기를 할 때면, 땀 때문에 안경을 벗고 뛰곤 한다.

눈앞의 세상은 온통 흐릿해진다. 그와 동시에 평소 나를 짓누르던 타인의 시선들도 함께 흐려지고 멀어지는 느낌이 든다. 우리는 늘 남의 시선을 의식하며 살아가기에 스스로 부끄럽거나 수치스러운 마음을 느끼곤 한다.

하지만 이렇게 '보이는 것'이 사라지자, 세상이 다르게 다가왔다.

40년 넘게 선명한 세상을 보게 해준 두꺼운 안경이 언제나 내 전부였다. 그런데 안경을 벗고 뛰는 순간 전혀 다른 감각을 만났다. 얇은 막들 사이로 희미하게 보이는 세상이 오히려 진짜 '나'를 자유롭게 만든다는 사실을 깨달았다. 달리는 동안 복잡한 생각들은 잠시 멈추고, 눈에 보이지 않는 내 안의 어떤 것과 묘하게 연결되는 듯하다. 주변을 의식하지 않으니 마음은 더없이 가볍고 평화로워진다.

시야가 흐릿해지면 외부 자극에 덜 민감해진다. 주변을 의식하지 않고 내면에 집중할 수 있게 된다. 남에게 잘 보이려는 노력을 내려놓는 순간, 억눌렸던 진짜 내 모습이 솔직하게 드러난다. 어쩌면 눈으로 보는 것을 제한하는 행동이 나 자신에게는 오히려 편안한 선택일지도 모른다.

우리는 세상을 너무 선명하게만 보려고 애썼을지도 모른다. 때로는 흐릿한 시야 속에서 진짜 나 자신을 발견하고, 내면의 이끌림에 따라 나아가는 것도 의미 있는 경험이 될 수 있다. 눈에 보이는 것 너머의 세계를 온전히 느껴보는 것이다. 흐릿한 세상 속에서 만나는 진정한 나, 그리고 그 안에서 느끼는 자유로움은 우리를 얽매고 있던 모든 것들로부터의 해방을 의미할지도 모른다.

보이는 것이 사라진 세상이 그저 불편함만 준 것은 아니었다. 그 너머에 있는 진실한 나 자신을 이제서야 다시금 알아차리고 있다. 언제든 벗어 던지고 싶을 만큼 세상이 홀가분한 기분이다.

## 진짜 나로 살아가기

이제는 멈춰 서서 타인의 시선이 아닌 내 안의 목소리에 귀 기울일 때다. 진짜 나로 살아가기 위해서는 몇 가지 용기가 필요하다. 남들에게 완벽해 보이기 위해 애썼던 가면을 벗어던지고 나의 불완전함을 있는 그대로 받아들이는 것부터 시작하자. 모든 것을 잘하지 않아도, 실수해도 괜찮다고 스스로에게 말해주는 용기가 필요한 것이다.

또한 겉으로 화려해 보이거나 남들에게 자랑할 만한 것들을 쫓는 대신, 오롯이 내가 즐기고 몰입할 수 있는 경험에 집중해야 한다. 과정 자체에서 오는 즐거움과 만족감이야말로 진짜 나를 채울 수 있음을 기억해야 한다.

타인과 끊임없이 비교하며 조급해하는 마음을 내려놓고 나의 속도를 존중하고 인정할 용기가 필요하다. 때로는 느려도, 잠시 쉬어가도 괜찮다고 스스로를 다독이며 나만의 길을 묵묵히 걸어가야 한다.

'좋아요' 숫자나 남들의 시선처럼 외부적인 평가에 흔들리며 느껴지는 초조함과 불안감. 이러한 불편한 마음들을 회피하지 않고 솔직하게 마주해야 한다. 이 감정들을 알아차리는 것만으로도 변화의 중요한 시작이 될 수 있다.

무엇보다 시끄러운 외부 소음을 잠시 끄고 조용히 내면의 소리에 귀 기울이는 시간을 꾸준히 가져야 한다.

결국 끝없는 결핍과 타인의 시선이라는 굴레 속에서 우리는 과연 누구를 위해 살아가고 있는 것일까? 이제는 진정으로 나를 위한 삶을 시작할 때다. 진짜 '나'로 살아가기 위한 용기는 이미 우리 안에 존재한다. 그 용기를 발견하고 사용할 때, 우리는 비로소 진정한 자유와 행복을 느낄 수 있게 된다.

**6장**

# 버티는 하루의 무게

,

## 하루종일 반복되는 자책의 프레임

아침에 일어나 머리를 감고 모양 좀 잡으려는데 세팅펌 이후로 원하는 모양이 안 나온다. 머리카락을 붙잡고 스타일링한다고 낑낑되는 나를 보면서 "진짜 내 맘대로 되는 게 하나도 없네?"라고 중얼거렸다. 되는 일도 하나 없는데 머리카락 하나조차 내 맘대로 못하는 구나!라는 생각이 들었다. 그런 프레임이 반복되면 될수록 또 다른 하루를 맞이하기보단 버티자라는 무게감으로 마음을 짓누르는 일이 더 많아졌다.

이 사소한 순간을 통해서 갑자기 일어나는 상황들이 다시 보였다. 점점 지쳐가는 나를 붙잡고자 애쓰지만 쳇바퀴만 돌뿐 정작 나를 돌보는 방법조차 모른다는 사실을 깨달았다. 일상이라는 과목을 신청할 수 있다면 다시 배우고 싶은 마음이다. 앞만 보고 열심히 산 것뿐인데 찾아오는 그 공허함 때문에 나는, 나와 매일 다투고 있었다.

최근 우리 사회에서 이러한 심리적 압박감과 무기력함에 시달리는 사람들이 부쩍 늘고 있다. 단순히 스트레스라고 하기에는 너무나 깊이 스며든 지친 마음들이 사회 곳곳에 많다는 증거이기도 하다.

## 인지적 무기력의 신호

갑작스러운 단절과 고립 속에서 많은 사람은 이전과는 다른 감정들이 오래 지속하였다. 무엇보다 지금 우리가 가장 많이 듣는 이야기는 바로 '무기력'이다. 마치 공기처럼 우리 주변을 떠도는 이 무기력의 감정은 개인의 문제가 아닌 집단적 경험이 되었다. 전문가들은 이를 두고 '집단 무기력 팬데믹 시대'라고 한다.

이는 단순히 '쉬고 싶다'거나 '귀찮다'는 감정을 넘어선다. 그것은 삶의 동력을 잃어버린 상태이자 노력해도 소용없다는 학습된 무력감이 만연해진 현상이다. 특히 주목해야 할 점은 '인지적 무기력'이 두드러지게 나타난다는 사실이다. 단순히 의욕이 없거나 몸이 피곤한 상태를 넘어 생각하고 판단하며 결정을 내리는 능력 자체가 저하되는 상태를 의미한다. 뇌 기능이 저하된 것처럼 느껴지고 명확하게 사고하는 것이 어려워진다. 일상생활 곳곳에서 우리의 발목을 잡는다. 아침에 일어나 오늘 무엇을 입을지 점심 메뉴는 무엇으로 할지 같은 사소한 결정조차 몇 분, 몇십 분씩 고민하게 만든다. 예전 같으면 쉽게 처리했을 업무 앞에서 한참을 망설이거나 복잡한 문제에 부딪히면 아예 손을 놓고 싶어진다. 새로운 것을 배우거나 시도하는 것은 엄두조차 내지 못하고 머릿속은 늘 안개 낀 듯 명확히 사고하기 어려움을 느낀다. 해야 할 일은 쌓여가는데 시작할 엄두가 나지 않아 결국 마감 기한에 쫓기거나 포기하는 상황이 반복되기도 한다. 마음의 에너지가 고갈되면서 나타나는 대표적인 현상들이다. 이러한 상태가 지속되면 '나는 아무것도 할 수 없는 무능한 사람'이라는 부정적인 자기 인식이 강화되고 이는 다시 무기력을 심화시키는 악순환으로 이어진다.

하지만 이러한 지침과 무기력, 번아웃 현상을 단순히 개인의 문제나 나약함으로 치부하며 스스로를 자책하거나 위화감을 느낄 필요는 없다. 오히려 이는 우리가 그만큼 치열하게 살아왔다는 증거이며, '유리멘탈'이어서가 아니라 내 몸과 마음이 '이제는 쉼이 필요하다'는 강력한 신호탄을 보내는 것이다. 심리학자들은 이러한 상태를 '모래 늪에 빠진 것과 같다'고 비유한다. 처음에는 작은 피로감이나 무관심으로 시작되지만 발버둥 칠수록 점점 더 깊이 빠져들며 자신도 모르게 무기력에 잠식된다는 것이다. 중요한 것은 이 늪에 빠졌다는 사실 자체가 아니라 늪에서 빠져나오기 위해 무엇을 해야 하는지를 아는 것이다.

## 나에게 손 내미는 첫걸음

나 자신과의 관계가 어그러진 상태에서는 어떤 외부 관계도 건강하게 유지되기 어렵고 어떤 긍정적인 변화를 꿈꾸더라도 시작의 끈을 잡기 힘들다. 집단 무기력의 시대에 우리가 무기력의 늪에서 벗어나기 위해 가장 먼저 해야 할 것은 외부의 시선이나 사회적 기준, 거창한 목표 대신 내 마음에 다시 손을 내미는 일이다. '왜 나만 이렇게 힘든 걸까?'라는 질문 대신 '내가 나를 위해 지금 이 순간 무엇을 해줄 수 있을까?'라는 질문으로 바꿔야 할 때이다. 타인의 시선에 맞춰 나를 몰아세우는 대신 내 안의 목소리에 귀 기울이고 나를 돌보는 것에서부터 모든 변화가 시작된다.

'현재에 집중하며 나 자신을 나만의 방식으로 돌보는 연습'이 집단 무기력의 늪에서 벗어나는 출발점이 될 수 있다. 돌봄은 특별한 시간이나 거창한 준비가 필요한 것이 아니다. 오히려 바쁜 일상 속 아주 작고 사소한 순간에 숨겨져 있다는 것을 깨닫는 것이 중요하다. 하루에 단 몇 분이라도 나에게 집중하는 틈을 내고 내 감정을 알아차리고 내면의 소리에 귀 기울이는 것이다. 내 마음을 위한 쉼표, 나를 위한 한 문장, 나에게 잠깐 집중하는 시간 이 모든 것이 스스로에게 건네는 작은 돌봄의 손길이 된다. 늘 무기력했고 일상이라는 과목이 가장 어렵게 느껴졌으며 '나는 왜 이렇게 하루하루가 다를까?'라는 생각들로 나를 억압하며 보낸 시간이 길었다. 이제는 일상의 작은 틈을 내어 나를 바라보는 연습을 해보자.

# 7장

## 나를 가두는 자기 의심의 덫

,

### 사소한 결정조차 두려운 이유

필라테스 학원 등록을 하는데 고민의 시간이 길었다. 바쁘거나 시간이 없어서가 아니라 운동을 못하는 나를 마주하기 두려웠다. '누군가가 나를 쳐다보면 어쩌지?'라는 생각이 더 앞섰던 것이다. 망신만 당할 것이라는 생각만 가득했다. 나의 선택에 도저히 확신이 생기지 않았다. 너무 하고 싶었지만 기웃기웃 대기만 몇 차례하다가 등록에 실패했다.

한 가지를 더 꼽자면 꼭 필요한 쇼핑을 미룬 적이 많다. 예를 들어 장바

구니 상품은 동나기 일쑤였고 즉각적으로 필요하지 않다고 생각하는 것들에 대해 무신경했다. 엄밀히 따지면 인간의 가장 중요한 욕구 중의 하나가 먹는 것이라고 했을 때 중요하다고 생각하지 않았다. 냉장고에 모든 재료가 바닥나면 급히 동네 슈퍼로 달려가 꼭 필요한 것들만 간신히 구해다 끼니를 해결하곤 했다. 하루살이 같은 삶은 마침표도 쉼표도 없이 중간에서 계속 허우적대었다. 결정장애처럼 보이지만 사실은 내 선택에 대한 확신이 없어서 생기는 것이다.

이 두 가지 모두 다 자기 의심에 해당되는 경우다. 자기 의심은 자신에 대한 신뢰가 부족하고 자신의 능력이나 가치에 대해 의문을 품는 상태를 의미한다. 이는 자주 스트레스를 동반하며 부정적인 영향을 미칠 수 있다.

## 자기 효능감의 힘

이러한 '내가 할 수 있을까?'라는 질문과 그 뒤에 숨은 자기 의심을 심리학에서는 어떻게 설명할까? 저명한 심리학자 알버트 반두라(Albert Bandura)는 인간의 행동과 동기를 설명하는 중요한 개념으로 "자기 효능감(Self-efficacy)"을 제시했다.

자기 효능감이란 특정 상황에서 자신이 원하는 결과를 성공적으로 만들어 낼 수 있다는 '자신의 능력에 대한 믿음'을 의미한다. 즉, '나는 할 수 있다'고 스스로 믿는 힘이다.

반두라의 이론에 따르면, 자기 효능감이 높은 사람은 어려운 과제에 직면했을 때 이를 극복 가능한 도전으로 여기고 적극적으로 뛰어든다. 실패하더라도 좌절하기보다 원인을 분석하고 다시 시도하며 끈기를 발휘한다. 반대로 자기 효능감이 낮은 사람은 과제 자체를 회피하거나, 작은 어려움에도 금방 포기하는 경향을 보인다.

이 덫은 우리의 내면 깊숙한 곳에 뿌리내리기도 한다. 어린 시절의 경험, 주변 사람들의 비판적인 평가, 사회가 주입하는 비현실적인 성공의 기준 등이 복합적으로 작용하여 '나는 충분하지 않다', '나는 유능하지 않다'는 믿음을 형성한다. 이러한 믿음은 우리가 새로운 기회를 마주했을 때 '내가 할 수 있을까?'라는 자기 의심의 목소리로 나타나고, 결국 도전을 포기하게 만든다. 마치 보이지 않는 사슬처럼 우리를 묶어두고 앞으로 나아가지 못하게 방해한다.

하지만 '내가 할 수 있을까?'라는 자기 의심의 목소리가 들린다고 해서 우리가 나약하거나 부족한 사람은 아니다. 오히려 이는 우리가 현재 상황에 대해 진지하게 고민하고 더 나은 결과를 얻고 싶어 한다는 내면의 바람일 수 있다. 문제는 이 목소리에 압도되어 아무것도 하지 못하게 될 때 발생한다. 경계와 자기 의심이라는 덫에 걸려 우리의 가능성을 스스로 제한할 때 우리는 진짜 '나'의 성장을 놓치게 된다.

## 자기 의심의 신호와 점검 포인트

　다시 정리해 보자면 자기의심이 높아지면 다음과 같은 모습이 나타나게 된다. 점검해보자!

✓ **결정 회피: 자신이 내린 결정에 대한 경계로 인해 행동을 주저하게 된다.**
　식당에서 메뉴를 고르는 일조차 스트레스로 다가온다. 친구들과 외식을 갔을 때 메뉴를 고르라고 하면 '내가 선택한 메뉴가 맛없으면 어떡하지? 다들 내 선택을 싫어하면 어쩌지?'라는 생각에 머리가 복잡해진다. 결국, 몇 분 동안 고민하다가 "너희가 아무거나 골라!"라고 말하며 선택을 피하고 만다. 이는 일상에서 간단해 보이는 결정조차 주저하게 만드는 행동이다.

✓ **자존감 저하: 자신을 과소평가하게 되어, 자존감이 낮아진다.**
　직장에서 새로운 프로젝트를 맡을 기회가 주어져도 '내가 잘할 수 있을까? 남들보다 부족할 거야'라는 생각에 사로잡혀 스스로 포기해버리는 경우가 많다. 중요한 순간에 자신을 불필요하게 낮추고 쉽게 물러서게 만든다. 심지어 번아웃을 겪고 나면 '나는 무능력하다'는 생각에 더욱 깊이 빠져들기도 한다.

✓ **성장 저해: 새로운 도전이나 기회를 받아들이기 어려워진다.**
　불규칙한 생활과 무기력 속에서 새로운 기회를 받아들이는 것이 두려워진다. 관심을 두던 수업이 있었는데 좋은 기회로 추천을 받았다. 그러나

'내가 이걸 끝까지 할 수 있을까? 시간만 낭비하는 건 아닐까?'라는 생각에 등록을 미룬다. 결국 그녀는 새로운 배움의 기회를 놓치고 자신의 성장 가능성을 제한하게 된다.

자, 이렇듯 순간순간의 망설임과 두려움 자체를 비난하지 말고 이 모든 신호들을 천천히 인식하고 받아들이는 연습부터 해보도록 하자!

**8장**

# 내가 누구인지 마주하는 순간

,

## 당신은 어떤 사람인가요? 낯선 질문이 던지는 울림

커리어 상담을 하면서 빈번하게 나오는 대화들의 일부이다.

"제가… 아무것도 한 게 없는데… 혹시…이런 것도 될까요?"
"그런 질문을 받아보질 않아서요. 진지하게 생각해 본 적이 없어서요…"

필자는 그저 질문을 한다. "그동안 어떤 스펙을 쌓아 오셨어요?"가 아니라 "당신은 어떤 사람이예요?"라고 말이다. 마치 학원에 가서 레벨 테스트라도 받기라도 하듯, 평가를 하려는 질문이 아님에도 위축된 목소리는 물론 어깨를 움츠러들기 바쁘다. 질문의 의도는 능력을 보려는 것이 아니라 자신의 삶을 어떻게 바라보는지 그 부분만을 보려는 것이었다.

지금 말한 질문이 낯설게 느껴진다는 것은 대충 살고 못살았다는 것이 아니라 그만큼 오늘의 나를 보듬어 주지 못했던 것이다. 좀 더 정확히 말하면 그 누구에게도 내가 누구인지라고 말해 본 적도 물어봐 준 적도 없었기 때문이다.

## 당신은 이미 충분하다: '진정한 나'와 함께하는 여정

우리는 이미 충분히 괜찮다. 언제든 흔들리고 헤맬지라도, 그 순간 '내가 흔들리고 있다'는 것을 알아차리는 것만으로도, 스스로를 지킬 힘을 차곡차곡 비축하고 있는 것이다.

김주환 교수가 『회복탄력성』에서도 강조하듯이, 이는 곧 우리가 역경을 딛고 일어서는 힘, 즉 회복탄력성을 키우는 첫걸음이 된다. 회복탄력성은 단순히 고난을 이겨내는 강인함만을 뜻하지 않는다. 그것은 삶의 어려움 속에서도 자신을 재정비하고 성장하는 역량을 의미한다. 이 멈춤의 시간을 통해 당신 안에 잠들어 있던 '진정한 나'를 만나고, 그 '나'를 단단하게 세워나가는 여정을 함께 시작해보자. 여러분은 여러분이 생각하는 것보다 훨씬 더 강한 사람이기 때문이다.

## 자기 인식에서 자기 관심으로

　일상 속에서 자기 자신에 관한 관심이 점점 줄어들고, 결국에는 자신이 어떤 사람인지, 무엇을 좋아하는지 잊어버리게 되는 경우가 많다. '자기 인식Self-awareness'은 자기 자신을 이해하는 능력, 즉 '내가 왜 화가 났는지, 내가 어떤 것들을 좋아하거나 싫어하는지, 혹은 내 행동이 다른 사람에게 어떤 영향을 미치는지를 아는 것'이다. 자기 인식은 내 내면과 행동에 대한 깨달음이라고 생각하면 된다.

　반면, '자기 관심Self-interest'은 개인이 자신의 감정, 욕구, 필요를 인식하고 이를 충족시키기 위해 노력하는 정도를 의미한다. 이는 자기 인식을 바탕으로 '행동으로써 연결되고 움직일 수 있는 상태'를 말한다. 예를 들어, '내가 건강한지 살펴보기 위해 운동이나 식사를 챙긴다'는 것은 자기 관심의 행동일 수 있다. 자기 인식이 이해와 관련이 있다면, 자기 관심은 적극적인 행동에 초점이 맞춰져 있다고 볼 수 있다.
　외적으로 나를 치장하고 보이는 것에 그치는 것이 아니라 나를 위한 내면 상태를 들여다보며 필요 적절하게 자신을 위해 적극적으로 움직이는 것이다. 진정한 자기 돌봄은 바로 이 '자기 관심'에서 시작된다.

　'내면 확인 리스트'를 통해 나는 내 삶에 충분히 관심을 쏟고 있는지 점검해볼 수 있다. 그런데 자기 관심이 낮은 상태라면 어떻게 될까?

　자기 관심이 낮은 상태가 계속 지속하게 되면 정신적 스트레스와 육체적인 건강의 악순환이 반복될 수 있다. 대인관계 갈등, 삶의 방향성 상실, 중요한 문제의 우선순위가 흔들려 균형을 잃어버리게 된다.

지금의 나에게 해줄 수 있는 최고의 돌봄은 자기 관심에서부터 시작됨을 잊지 말아야 한다. 자신을 마주하는 용기 그것이 바로 당신의 삶을 변화시킬 첫걸음이다.

### 내면 확인 리스트

- ✓ 나는 하루 동안 느꼈던 감정에 대해 깊이 생각하거나 기록하지 않는다. YES ☐ NO ☐
- ✓ 내 행동이 타인에게 어떤 영향을 미치는지 잘 의식하지 못한다. YES ☐ NO ☐
- ✓ 스트레스를 받거나 지쳤을 때 이를 해소하는 방법을 잘 모른다. YES ☐ NO ☐
- ✓ 내 삶의 목표나 가치를 명확히 알지 못하거나 자주 혼란스러움을 느낀다. YES ☐ NO ☐
- ✓ 과거의 실수로부터 배우기보다는 자주 같은 실수를 반복한다. YES ☐ NO ☐

- ✓ "예"가 3개 이상이면 자기 관심이 낮을 가능성이 있다.
- ✓ "예"가 5개인 경우, 자기 인식과 관심을 높이기 위해 자기 성찰 및 돌봄 활동을 시도해보는 것이 좋다.

## 3부
## 아주 보통의 '멈춤' 시작하기

감정 및 내면 관리

# 1장

# 틈새 감정 관찰하기

,

## 틈새 감정 알아차림 연습

 일을 마치고 신호등을 건너려는데 빨간불이 들어와 멈춰야 했다. 횡단보도 앞에서 잠시 기다리던 그 짧은 멈춤의 순간 문득 '틈'이라는 단어가 마음속에 떠올랐다. 우리는 물리적인 정지처럼 감정에도 돌아볼 틈이 필요하다는 것을 잊곤 한다. 마치 누군가 빨간불을 켜주지 않으면 내 마음을 들여다보지 않는 것처럼 말이다.

 매일을 꽉 채우며 살아가다 보면 우리 삶엔 어느새 숨 돌릴 시간마저 사라진다. 하지만 바로 그 짧은 멈춤이야말로 우리가 미처 살피지 못했던 감정을 들여다보고, 삶의 중요한 방향을 찾아내는 소중한 순간이 된다.

늘 열정적이라는 말을 들을 때 가장 설레었고, 그런 사람이 되어야만 한다고 생각하며 살아왔다. 모든 일을 완벽히 해내고 칭찬받는 것에 의미를 두며 숨 가쁘게 하루를 살아냈다. 그러나 그렇게 달려온 삶 속에서 쉬어야 할 순간에도 감정의 기복은 날로 심해졌다.

그때부터 감정을 공부하기 시작했다. 내가 느끼는 감정, 내가 쌓아온 경계와 분노를 더는 무시할 수 없다는 것을 깨달았다. 감정을 들여다보기 시작했고 작은 틈을 내어 나를 관찰하는 연습을 시작했다.

## 틈새 감정, 왜 중요할까?

우리는 왜 그 짧은 멈춤 속에서 자신의 감정을 알아차려야 할까? 많은 이들이 '자기 돌봄'마저 강박적으로 대하기 때문이다. '갓생'을 살겠다며 미라클 모닝을 실천하다가 하루라도 못 일어나면 자괴감에 빠진다. 운동도 마찬가지로, 조금만 쉬어도 스스로를 자책하는 경우가 많다. 이처럼 우리는 '열심히 살아야 한다'는 사회적 압박 속에서 자신을 채찍질하는 데 익숙하다. 남들보다 뒤처지거나 완벽하지 못할까 봐 끊임없이 자신을 몰아세운다. 그러나 이런 강박은 오히려 중요한 감정들을 외면하게 만든다.

하지만 잠시 멈춰도 괜찮다. 나 역시도 그랬다. 정해진 루틴을 맹목적으로 따르거나 남들을 따라가기보다는, 잠시 멈춰 서서 불필요한 강박에서 벗어나는 것이 우선이다. 오직 생산적인 일로 하루를 꽉 채워야만 행복하다고 볼 수는 없는 것이다. 일상의 작은 틈에서 자기감정을 관찰하는 것은, 이처럼 무의미한 자책과 과도한 몰아세움을 멈추게 하는 중요한 시작점이 된다. 오늘이라는 시간은 다시 오지 않는다.

　우리가 '자기 돌봄'을 강박적으로 실천할 때 오히려 자신을 더 몰아세우는 역효과가 날 수 있다. 미라클 모닝, 운동 루틴, 다이어리 작성 같은 계획들은 좋은 습관이 될 수 있지만 완벽히 해내야 한다는 압박은 틈을 만드는 데 방해가 될 수 있다. 중요한 것은 남들이 정해둔 루틴이 아니라 나만의 방식으로 틈을 만들고 나를 돌보는 것이다.

## 2장

# 조급함에서 자유로워지다

,

### 상황의 급함인가, 마음의 조급함인가?

조급함과 급함은 비슷하게 느껴질 수 있지만, 그 의미와 뉘앙스에서 차이가 있다.

'급함'이란 시간적으로 어떤 일이나 상황이 매우 긴급하다는 의미를 가지고 있다. 일이 시급하여 즉각적인 행동이나 결정을 요구하는 상태이다.

'조급함'이란 마음의 상태를 나타내며 어떤 일을 빨리하고 싶어서 느끼는 초조함이나 경계함을 의미한다. 목표를 달성하기 위해 서두르지만, 그 과정에서 성급하게 행동하거나 신중하지 못할 수 있다.

긴급한 상황에서 자꾸 미루거나 바로 처리하지 못하거나 몸과 마음만 바쁜 채 이러지도 저러지도 못할 때가 있다. 바로 그럴 때 찾아오는 것은 급함이 아니라 조급함 때문이었던 것이다.

## 조급함을 받아들이고 단단해지는 과정

일상에서의 속도를 늦추기보다는 마음의 여유를 가지는 연습을 해야 한다는 것을 알았다. 가장 가까운 사람들의 모습을 유심히 관찰하는 시간을 가져봤다. 자신의 취미를 하며 아이들과의 일과 속에서 자기답게 살아가는 친구 엄마, 회사업무에 충실하되 틈틈이 커피 한 잔으로 나를 달래는 직장인들, 지친 몸이지만 잠깐이라도 영화를 보며 휴식하는 남편, 따뜻한 봄날 친구와 자전거를 타며 공원을 거니는 딸, 모두가 내 옆에서 서두르지도 느리지도 않게 같은 공간 속에 있었다.

조급해서 경직된 채 달달 볶고 있은들 그 무엇도 달라지는 게 없다. 지금 필요한 것은 내가 사랑하는 것들을 지키고 바라보며 놓치지 않는 것이 먼저일 수 있다. 그 아름다운 풍경을 보지 않은 채 가는 것은 너무 지루할 수 있다. 겨울이 가고 봄이 오는 것처럼 여지없이 피어날 벚꽃을 기다렸던 마음처럼 딱 그만큼만 피어날 그 날만을 바라며 가보자는 것이다.

조급하다는 것은 순수한 마음이며 그만큼 간절하다는 것이다. 될 때까지

가보겠다는 것이다. 지금 그 단계를 넘어가고 있다면 덜 조급해졌음을 알아차리면 된다. 한 고개를 넘었으니 그다음은 우직하게 뚜벅이처럼 가는 일만 남았다.

지금 조급하다고 이루어지지 않은 그것 때문에 나 자신을 억누르고 있을 순 없다. 발도 뻗지 못한 채 잠에 드는 일은 없어도 된다.

# 3장

# 양가감정의 늪: 행복한 것과 행복한 척은 다르다

,

## 양가감정의 신호

우리 마음은 종종 상반되는 감정들로 혼란스럽다. 결혼하고 싶으면서도 자유를 잃고 싶지 않고, 승진은 기쁘지만 늘어난 책임에 부담을 느끼는 경우가 대표적이다. 이처럼 긍정적 감정과 부정적 감정이 동시에 떠오를 때 우리는 당황하거나 '내 마음이 왜 이러지?' 하며 스스로를 이해하기 어려워한다.

누군가를 깊이 사랑하면서도 동시에 미워하는 감정을 느낄 때가 있다.

이러한 복잡한 심리 상태 앞에서 우리는 자신을 이해하기 어렵고 답답함을 느낀다. 감정은 외부 자극에 대한 자연스러운 반응일 뿐, 억지로 만들거나 없앨 수 있는 것이 아니다. 그럼에도 이러한 상반된 감정을 느끼는 자신 때문에 오히려 불편함을 느끼기도 한다.

이처럼 하나의 대상이나 상황에 대해 두 가지 이상의 상반되는 감정, 즉 긍정적 감정과 부정적 감정을 동시에 느끼는 복잡한 심리 상태를 우리는 '양가감정'이라고 한다. 마음속에 찾아오는 이러한 상반된 감정들은 곧 우리의 내면이 우리에게 보내는 중요한 신호가 된다.

이는 내면에서 서로 다른 감정이 충돌하며 갈등을 일으키기 때문이다. 우리로 하여금 어떤 결정이나 행동을 주저하게 만들며 감정적 혼란과 자기비판으로 이어지기도 한다.

하지만 심리학에서는 양가감정을 단순한 혼란으로 보지 않는다. 오히려 그것을 자신의 내면을 더 깊이 이해하는 과정으로 본다. 양가감정이란 마주하기 두려운 내면의 진실을 숨기는 것이다. 우리는 모두 때때로 양가감정에 빠질 때가 있다. 긍정과 부정, 밝음과 어둠 사이에서 길을 잃고 자신을 이기적이라고 몰아세우기도 한다.

심리학자 칼 로저스Carl Rogers는 "솔직한 자기표현은 내면의 진실을 마주하는 데 있어 가장 강력한 도구"라고 말했다. 결국 감정을 숨기기보다 인정하고 표현하는 과정에서 우리는 자신을 스스로 돌보는 첫걸음을 내디딜 수 있다.

## 일상의 작은 돌봄이 주는 확실한 행복

우리는 완벽해 보이는 모습만을 보여주기 위해 애쓸 때가 많다. 그러나 진정한 자신을 돌보는 일은 이런 완벽함을 추구하기보다, 우리의 불완전한 모습과 앞서 느꼈던 양가감정까지도 기꺼이 인정하는 것에서 시작된다. 몸이 아파봐야 건강의 소중함을 깨닫듯이, 건강을 되찾는 과정은 고되지만 일상에서 건강을 지키는 방법은 생각보다 아주 단순하다.

매일 반복되는 소소한 행동들이 바로 나를 돌보는 확실한 행복이다. 밥은 제때 챙겨 먹었는지, 잠은 충분히 잤는지, 마음껏 웃고 몸도 적당히 움직여주었는지 되돌아보는 것. 이러한 일상의 작은 질문들이 곧 자신을 돌보는 중요한 행위가 된다. 바쁘다는 이유로 이 쉬운 것들을 외면하고 살아왔을 뿐이다.

밤 늦도록 일과 씨름하고 아이를 돌본 뒤 찾아오는 고요함 속에서, 문득 '나는 오늘 뭘 했지?'라는 허무함이 밀려올 때가 있다. 그럴 때 자신을 비난하기보다, 일부러 잠시 시선을 돌려 마음을 정리하는 시간을 갖는 것이 중요하다. 이런 단순한 행동이야말로 바쁜 현실 속에서 자신을 보듬는 진정한 방법이 된다.

결국 자신을 돌보는 일은 거창하거나 특별할 필요가 없다. 복잡한 양가감정 속에서 마음이 길을 잃을 때도, 일상의 작은 습관들로 스스로를 위로하면 된다. 가끔 우리가 스스로에게 너그러워져 잠시 멈춰설 때 그곳에서 진짜 우리의 모습을 마주할 수 있을 것이다.

**4장**

# 상처를 받아들이는 용기

,

## 상처가 현재를 지배하는 방식

어느 날 L 사원은 문득 이런 생각이 들었다. "내가 지금… 왜 이렇게까지 예민하게 반응하고 있는 거지?"

그날 오전 L 사원은 야심 차게 준비한 새 프로젝트 아이디어를 팀 회의에서 발표했다. 그의 아이디어는 분명 혁신적이었고 팀원들도 긍정적인 반응을 보였다. 하지만 K 팀장은 제안에 대해 "음, 좋은 시도네요. 한 번 검토해보죠."라는 다소 미적지근한 반응을 보였다. 그리고 며칠 뒤 K 팀장이 다른 팀원들과 L 씨의 아이디어를 변형한 내용을 논의하는 것을 우연히 듣게 되었다.

그의 마음은 이랬다. "어쩌지… 분명 내 아이디어인데, 또 무시당하는 건가?" 사원 L 씨는 K 팀장이 자신의 아이디어를 가로채거나 자신을 배제하려는 의도라고 확신했다.

결국 사원 L 씨는 팀장에게 직접 찾아가 "제 아이디어를 왜 그렇게 바꾸셨는지 왜 저와 상의 없이 다른 팀원들과 논의하시는지 궁금합니다."라고 다소 날 선 질문을 던졌다. 팀장은 그의 반응에 의아한 표정을 지었다.

"아, L 사원님. 그 아이디어는 워낙 좋아서 제가 좀 더 확장해보고 싶었습니다. 다른 팀원들에게도 의견을 물어 더 좋은 방향을 찾으려던 참이었어요."

아차 싶었다. 여전히 생각이 더 앞선 나머지 와해된 판단을 하고 있었다. 확인받고 싶었던 그 마음의 정체는 과연 무엇일까?

L 사원에게는 과거의 상처가 있었다. 신입 시절 밤새워 준비한 기획안이 상사의 이름으로 발표되거나 자신의 노력이 제대로 인정받지 못하고 묵살되었던 경험이 몇 번 있었다. '내 노력이 또 무시당하면 어쩌지' 하는 불안감이었다. 이처럼 과거의 부정적인 경험으로 인해 생긴 상처는 시간이 지나 무뎌진 줄 알았지만 비슷한 상황이 오면 고스란히 남아있던 기억이 L 사원의 마음을 지배했던 것이다.

## 상처를 직시하고 받아들이는 용기

나쁜 기억이 오래가는 근본적인 원인은 그 당시 감정을 바로 처리하지 못했기 때문이다. 스스로 해소하지 못한 감정의 응어리는 마음속에 그대로 남아 있다. 당시 해소되지 못한 감정의 응어리가 지금까지도 영향을 미치고 있음을 인정하는 순간이 중요해진다.

누구나 내면의 상처가 있고, 그 깊이와 형태는 각자 다르다. 상처를 직접 거부하거나 없는 듯 무시하기보다, 어떻게 다루고 보듬느냐가 중요해진다. 상처를 치유하는 일은 결국 우리의 불완전함을 있는 그대로 인정하고 마주하는 것에서 시작된다.

이러한 태도는 단순히 매일을 보내는 것을 넘어선다. 일상 속에서 작은 행복과 의미를 발견하고, 자신을 돌보며 삶의 질을 높이는 실천적인 방법이 된다. 이러한 과정을 통해 일상의 나를 끊임없이 관찰하게 된다. 이전에는 별것 아니라고 여겼던 소박한 생각이나 감정들이 쌓여 큰 깨달음이 된다. 견디기 힘들고 괴로웠던 지난 시간들조차 현재의 자신을 만드는 소중한 경험이었음을 비로소 깨닫는다.

일상이 쉬워진 것은 아니다. 예측 불가능한 일상 속 어려움을 해결할 방법을 찾았기 때문이다. 즉, 일상을 버텨내는 힘을 조금씩 키워가는 것이 우선이다. 나 자신과의 관계에 집중하며 놀라운 변화를 경험하게 된다. 무기력했던 하루에서 삶에 잔잔하게 스며드는 활력감을 느끼게 된다.

## 상처가 건드려질 때 실천할 수 있는 3가지 방법

나의 상처가 다른 사람을 통해 건드려질 때 하면 좋은 방법을 소개한다.

첫째, 나만의 의심을 먼저 해보아라!
'의심'이라는 말을 무조건적인 부정으로 생각하지 않아도 된다. 분명 누군가는 특정 상황이나 말에 대해 '미리~할 것이다'라며 짐작하는 순간들이 있을 것이다. 근거 없는 확신이 강해지는 동안 상대와 나는 점점 더 수평을 향해 멀어져 있을 수 있다.
한 번 정도는 멈추고 합리적인 의심을 해보는 것은 필요하다. 혹여 내 마음속의 어른아이가 건드려진 것인지 말이다.

둘째, 나의 상처가 도드라지는 것이 두려워서 피하지 말고 원인 속으로 들어가 보자!
때론 알면서도 모른 척하고 싶을 때가 있다. 숨으려는 마음이 더 강해질수록 내 앞에 있는 누군가를 있는 그대로 보기가 힘들다. 상처에 대한 직시를 통해 나와의 만남을 가질 수 있도록 해야 한다.

셋째, 상대방에 대한 공감능력이 높으면 높을수록 자기객관화가 어려울 수 있다. 감정과 생각을 구분하는 연습을 해야 한다. 필자는 타인의 감정을 반드시 알아 차려줘야만 한다는 생각이 들 때가 있다. 지나친 감정에 대한 관여로 인해 감정처리방식까지도 책임지려고 한다. 잠시 적당한 거리를 두고 생각과 감정 사이를 면밀히 볼 수 있는 연습을 해야 한다.

5 장

# 불안은 적이 아니다

,

## 사전불안과 내적불안

사전불안이란? 예를 들어 한 직장인이 다음 날 있을 발표를 준비하며 하루를 보냈다고 하자. 완벽하게 준비하고자 하는 마음에 대본을 반복적으로 수정하고 조금 더 멋진 발표 자료를 만들어야 한다는 생각에 밤을 꼬박 새웠다. 하지만 발표 당일 그녀는 잠 부족으로 인해 정신이 멍해졌고 오히려 중요한 핵심 내용을 놓치고 말았다.

내적불안이란? 예를 들어 직장에서 반복적으로 실수를 하게 되었다고 하자. 그는 '이 일을 또 망치면 어떡하지?'라는 불안감 속에서 매 순간 긴장했다. 그의 마음은 미래에 대한 걱정으로 가득 차 결국 현재의 업무에 집중하지 못해 또 다른 실수를 만들어냈다.

## 불안과 친구되는 법

불안은 일에만 영향을 미치는 것이 아니라 일상의 흐름에 적잖은 영향을 주고 자꾸만 실수가 빈번하게 된다. 사전에 불안하면 우리는 더 채우려고 한다거나 더 과도한 준비를 더하면서 그 불안을 낮춘다고 생각하는 경우가 많다. 하지만 정작 그러면 그럴수록 불안에 대비하는 대책으로 가기보다는 진전이 되지 않은 채 계속 그 자리에 머물면서 빙빙 도는 경우가 있다. 더 잘하기 위한 대비책이 아니라 직접적이지 않은 연관성 없는 준비로 시간을 허비하게 된다. 이제 사로잡히지 않으려고 하면 할수록 긴장도가 높아지면서 누군가의 말이나 행동 또는 일상생활에 불편함을 겪게 된다. 겉으로 보기에는 완벽주의자의 모습처럼 보이지만 그저 그 불안을 잠재우기 위한 행위 중에 하나였던 것이다.

일상에서 일어나는 불안의 지점을 잘 파악해야 하며 그럴수록 잘 들여다봐야 한다. 하지만 내성이 쌓인 듯 침체되어버린 불안은 지나쳐버리거나 내 것인 양 살아가게 된다. 있는 그대로 받아들였다면 괜찮지만 그 불안과 싸우다가 지치다가 반복되는 삶은 아닌지 돌아봐야 한다.

불안과 함께 걷는 일상 실천 팁은 바로 '친구 대하듯 다가가기'이다. 불안은 그저 사라져야 할 감정이 아니라 우리가 어떤 방향으로 나아가고 있는지 알려주는 신호일 수 있다. 일상에서 일어나는 불안의 지점을 잘 파악해서 멈추게 하는 것 또는 과도한 준비로 이어지게 하는 경우를 잘 살펴볼 필요가 있다. 그다음은 불안의 강도이며 오르락내리락하는 것을 전면에서 마주쳐야 한다. 즉, 불안한 것은 잘되지 않을까 봐 또는 잘되어야만 한다는 것들이 잔존하기 마련이다. 나를 움직이게도 재촉하게도 해줬던 불안은 충분히 가지고 있었기에 그 가치가 빛날 수 있다고 봐야 한다. 일상으로 파고드는 불안을 멈추고 싶다며 괴로워만 하지 않아도 되는 이유다.

**6장**

# 완벽주의 내려놓고 마음 비우기

,

## 시작하기 어려운 이유

새로운 업무나 보고서를 시작하기 전에 무조건 A부터 Z까지 완벽해야만 한다는 생각에 사로잡힌다. 작은 오점도 허용하지 않으려는 압박감에 모든 것을 분석하고 정리한 뒤에야 비로소 진행될 수 있다는 믿음이다. 그렇게 시작조차 못하는 날들이 이어지면서 맡은 일에 대한 부담감은 점점 커지고 나중에는 시작 자체가 두려워지기도 한다.

누군가는 말한다. "잘하지 못할 거면 하지 말아라." 그러다 보면 이 말은

"잘 해내지 못할 거라면 아예 시작하지 말아라."로 들리기도 한다. 하지만 일을 시작하지 못하게 되는 이유는 하나다. 잘 해내고 싶어서 시작하지 못한다. 자신이 이 일을 하는 목적은 명백히 두 가지로 나뉘어 있다. 하나는 그 일을 통해 나 자신을 찾아가고 몰입하는 것이고, 다른 하나는 성과를 통해 인정받기를 바라는 것이다.

나에게 보여주기 위한 자기 만족과 남들에게 인정받기 위한 성과를 동시에 추구하다 보니 방향성이 혼란스럽다. 두 목적 모두를 이루고 싶다는 욕심이 결국 시작조차 하지 못하게 만든다. 시작만 하고 마무리 짓지 못한 일이 여러 개다. 다시 시작해야지 하는 마음으로 주저하다 결국 실행에 옮기지 못한다. 무엇이든 잘하고 싶다는 마음이 새로운 시작의 출발조차 막아버린다. 일을 하고자 하는 마음은 있는데 막상 잘해야 한다는 욕구가 나를 멈춰 세우는 것이다.

## 완벽주의와 자책의 굴레

A 씨는 팀 내에서 꼼꼼하고 책임감 강하기로 유명한 사원이었다. 맡은 일은 반드시 완벽하게 해내야 한다는 신념이 강했고 덕분에 상사들의 신뢰도 두터웠다. 하지만 이런 완벽주의는 때로 A 씨를 깊은 자책과 업무 지연의 늪으로 몰아넣곤 했다.

어느 날 중요한 주간 보고서 작성을 맡게 되었다. 늘 하던 대로 자료를 수집하고 분석하며 보고서의 초안을 작성했다. 첫 초안을 팀장님께 공유했고 몇 가지 피드백을 받았다.

"A 씨, 여기 이 데이터 수치는 오타가 있는 것 같은데 다시 확인해 줄 수 있나? 그리고 이 문장은 조금 더 간결하게 다듬으면 좋겠네."

하지만 A 씨의 머릿속에서는 이 작은 피드백이 거대한 비난으로 증폭되었다. '오타라니? 내가 이런 기본적인 실수도 하다니!', '꼼꼼하다고 자부했는데, 결국 이런 허점을 보이는구나!', '팀장님이 나를 신뢰하지 않을 거야.' 순식간에 수많은 자책의 목소리가 A 씨를 덮쳤다.

오타 하나를 놓쳤다는 생각에 모든 데이터 수치를 수십 번씩 다시 확인하고 또 확인했다. 문장 하나를 다듬는 데에도 몇 시간을 보냈다. '혹시 또 다른 실수가 있을까?', '이 문장이 정말 최선일까?'라는 사로잡혀 한 줄 한 줄 쓰는 것이 고통스러웠다.

겉으로는 완벽을 추구하는 듯 보였다. 하지만 사실 A 씨는 작은 실수조차 용납하지 못했다. 자신을 향한 지나친 비판과 실수에 대한 두려움 때문에 스스로 발목을 잡고 있었다. 그녀의 완벽주의는 더 나은 결과를 위한 동력이 아니었다. 오히려 일의 진행을 방해하는 무거운 족쇄였다. 심리학자 브레네 브라운(Brené Brown)은 완벽주의를 이렇게 정의한다. "완벽주의는 다른 사람이 비판하기 전에 자신이 먼저 자신을 비판하는 자기 보호 메커니즘이다."

새로운 업무나 과제에 대한 부담감도 이와 다르지 않다. 자신을 보호하려는 마음이 오히려 스스로를 제한하는 결과를 낳는 것이다.

## '이만하면 충분한' 나를 만나는 5가지 연습

우리는 완벽주의의 그림자 속에서 끊임없이 자신을 채찍질하며 살아간다. 하지만 이제는 그 끈을 잠시 놓아보고 나에게 필요한 진정한 쉼과 평온을 선물할 때이다. 다음의 작은 연습들을 통해 '이만하면 충분한' 나를 만나고, 마음의 여유를 찾아보자!

### ✓ 잠시 멈춰 서서 숨 고르기

완벽하게 해내야 한다는 압박감이 밀려올 때, 하던 일을 잠시 멈추고 깊게 숨을 고른다. 눈을 감고 내쉬는 숨에 온전히 집중하며, 몸의 긴장을 천천히 풀어낸다. 이 짧은 멈춤이 당신의 마음을 현재로 데려와 불필요한 경계를 덜어줄 것이다.

### ✓ 나의 불완전함을 있는 그대로 안아주기

실수나 부족함이 드러났을 때, 자신을 비난하기보다 '그래, 그럴 수도 있지' 하고 따뜻하게 토닥여준다. 완벽하지 않아도 괜찮다는 마음으로 나의 불완전한 모습마저도 너그럽게 수용하는 연습을 해본다. 모든 것이 완벽해야 한다는 강박에서 벗어나, 지금 이대로도 충분한 나를 인정하는 것이다.

### ✓ '완벽함'의 기준을 '나의 평온'으로 바꾸기

외부의 시선이나 사회적 기준에 맞춰 완벽을 쫓기보다, 나 자신이 진정으로 편안하고 평화로운 상태를 느끼는 것을 새로운 '완벽함'의 기준으로 삼아본다. 나의 마음이 쉬고 있는지, 나의 영혼이 숨 쉬고 있는지에 더 집중하는 것이다.

### ✓ 결과가 아닌 과정 속에서 의미 찾기

어떤 일을 시작할 때, 최종 결과의 완벽함에 집착하기보다, 그 과정을 통해 내가 무엇을 배우고 느끼는지에 더 큰 의미를 부여해 본다. 작은 시도 하나하나가 나를 성장시키는 소중한 경험임을 기억하고, 그 과정 자체를 즐기는 여유를 가져본다.

### ✓ 나에게 필요한 '쉼'을 허락하기

쉬는 것은 게으름이 아니라 다음 도약을 위한 필수적인 과정임을 받아들인다. 몸과 마음이 보내는 신호에 귀 기울여, 나에게 필요한 만큼의 쉼을 기꺼이 허락한다. 때로는 아무것도 하지 않는 것이 가장 완벽한 '할 일'이 될 수 있다는 것을 믿어본다.

**7장**

# 내면 환경 세팅하기

,

## 몰입과 정체 사이에서 흔들리는 마음

누군가의 한마디나 시선에 유독 예민하게 반응했던 경험이 있을 것이다. "저 말이 나를 두고 한 건 아닐까?", "내가 잘못 행동한 건 아닐까?" 이런 생각들이 머릿속을 맴돌 때, 필자는 스스로를 진정시키기 위한 마음의 정리 시간이 필요했다.

가끔은 아무것도 하지 않는 채로 하루종일 멍하니 앉아있을 때가 있다. 마치 시간이 멈춘 것처럼 정체된 상태에서 벗어나고 싶어 '뭐라도 자극적인 일이 일어났으면 좋겠다.'고 간절히 바라곤 했다.

## 쉬지 못하는 네 가지 이유

첫째로는 바쁜 것에 익숙해져서 한가한 틈이 오는 것 자체를 거부하게 되는 원리다.

이것은 흔히들 말하는 일 중독자들에게 해당하는 이야기일 것이다. 어느 정도 회사의 직급 또는 일에 있어서 책임을 다하다 보면 좀처럼 긴장도를 낮출 수가 없다. 일이 돌아가게 해야 하는 것이 있으므로 집과 회사 간의 거리는 내 집 거리 수준으로는 될 수 없다.

만약 쉬려고 하는 마음이 올라오더라도 왠지 '쉬어봤자 뭐해~'라는 생각으로 일에 강렬하게 집착할 수 있다.

둘째로는 쉬는 법을 배운 적이 없다, 어떻게 쉬어야 잘 쉬는 것인지가 어렵다. 현대사회에서 많은 이들이 자신의 역할에 충실하려는 압박 속에서 살아가며, 정작 '쉬는 것'에 대한 구체적인 방법이나 필요성을 배우는 기회는 많지 않다. 쉬는 것도 훈련이 필요한 영역이다. 어떤 이는 휴식을 단순히 육체를 쉬게 하는 것이라고 생각하지만, 사실 진정한 휴식은 마음의 긴장을 풀고 재충전을 할 수 있는 상태를 만드는 것이다. 하지만 이러한 방법을 알지 못할 경우, 막상 쉬어야 하는 순간에도 '이렇게 하는 게 맞는 걸까?', '지금 이 시간이 더 생산적으로 쓰여야 하지 않을까?'라는 경계함이 몰려오곤 한다. 이는 쉬는 것 자체를 하나의 과업으로 느끼게 만들고, 오히려 더 큰 피로감을 초래하기도 한다.

셋째로는 실패할까 봐 두려운 마음이다. 이것은 다시 말하면 틈이 생기면

도태된다는 인식을 먼저 가지고 오기 때문에 더 촘촘할수록 어느 정도 앞서 간다는 안도감이 찾아오는 것이다.

타인의 평가에 대한 두려움의 경우는 어느 정도 나에 대한 페르소나가 잘해왔던 업적이나 실패의 경험이 없으면 없을수록 옳고 긍정적인 평가를 바라게 된다. 자신이 쉬는 행위가 더 바쁘게 사는 사람들에게는 뒤처진다는 삶으로 간주해버리기 때문이다.

넷째, 완벽주의 성향이 있는 사람들이 가지는 불편한 진리다. 자신이 목표나 과업에 대해 이미 높은 기준을 설정해놓았다. 이를 달성하지 못하면 두렵다고 여기기 때문에 계속해서 과업의 할당량을 높이면 높일수록 성취도는 낮아지게 된다. 그 안을 잘 들여다보면 두려움이라는 것이 꽤 오래 자리 잡고 있을 것이다. 실패에 대한 두려움으로 인해 쉬는 것 자체가 실패로 이어질 것인가에 대해 걱정을 하게 된다.

## 나를 돌보는 시간이 주는 진짜 힘

이러한 관점에서 바쁘게 살아가는 사람들은 자신을 돌아보고 휴식이 오히려 더 큰 생산성을 가져올 수 있다는 사실을 인식해야 할 필요가 있다.

심리학자 앤젤라 더크워스는 『그릿』에서 "열정과 끈기가 성공의 열쇠"임을 강조한다. 그녀는 끊임없이 노력하는 것의 중요성을 강조하지만 그 과정에서 휴식의 필요성 또한 간과해서는 안 된다고 말한다.

눈앞에서 내 몸이 움직이는 대로 사는 삶의 전부가 좋은 결과를 낼 것이고 열심히 살았다는 증거라고 하지만 그럴수록 몸과 마음은 병들어갈 수 있다.

우리는 그동안의 경험 때문에 '쉬는 삶은 비생산적이다'라고 쉽게 단정해버린다. 이렇게 한 번 단정하면 휴식은 불필요하거나 심지어 죄책감을 불러일으키는 것으로 여겨진다. 하지만 나를 돌보는 시간은 더 이상 선택이 아니라 필수임을 깨달아야 한다. 잠시 멈추고 스스로를 살피는 시간이 오히려 더 멀리 나아가는 힘이 된다는 것을 알게 되었다. 이제는 무엇을 이루기 위해 나를 소진하는 것이 아닌 스스로를 존중하고 보살피는 삶을 선택하려 한다.

## 8장

# 내 감정 들여다보기

,

## 감정 반응 유형 3가지 사례

심리학에서는 감정에 대한 비효율적인 반응 유형을 크게 세 가지로 이야기한다. 여러분은 혹시 어떤 유형에 해당되는지, 아래 사례들을 보면서 한 번 떠올려보길 바란다.

✓ **꾹꾹 눌러 담는 당신: '억압' 유형**

"아휴, 또 짜증이 확 올라오네. 그냥 참자. 내가 예민한 거지 뭐.", "이런 감정은 느끼면 안 돼. 내가 괜히 분위기 망칠라."

혹시 이런 생각, 이런 대사를 자주 읊조리는가? 감정이 불편해서, 혹은 다른 사람에게 피해를 주기 싫어서, 나도 모르게 감정을 억누르거나 없는 척 외면하는 경우가 바로 억압 유형이다. 마치 끓어오르는 주전자의 주둥이를 억지로 막아버리는 것과 같다.

억압된 감정은 사라지지 않는다. 잠시 눈에 보이지 않을 뿐, 마음속 깊은 곳에 쌓여 스트레스나 번아웃으로 이어지기 쉽다. 몸이 쑤시거나 두통, 소화 불량 등 신체 증상으로 나타나기도 한다. 결국 언젠가는 다른 형태로 터져 나오거나 우울감, 무기력감의 원인이 되기도 한다.

### ✓ 불편하면 피하는 당신: '회피' 유형

"그냥 안 보면 돼. 안 들으면 돼. 그럼 괜찮아.", "불편한 상황은 아예 만들지 않는 게 상책이지."
감정을 느끼게 하는 상황이나 대상을 아예 피하려고 하는 것이 회피 유형이다. 불편한 감정을 마주하기 싫어 그 상황을 벗어나거나, 아예 그런 상황 자체를 만들지 않으려 노력한다.

회피는 단기적으로는 불편한 감정에서 벗어날 수 있게 해준다. 하지만 문제의 근본적인 해결을 막고, 오히려 불안감이나 두려움을 키울 수 있다. 관계는 더 멀어지고, 결국 중요한 문제들이 쌓여 더 큰 어려움으로 다가올 수 있다.

### ✓ 감정이 폭풍처럼 몰아치는 당신: '과잉 반응' 유형

"지금 내 기분 알기나 해? 다 때려치우고 싶다!", "이 정도 일에 이렇게까지 화를 내야 하나… 나도 내가 무서워."

감정을 지나치게 강렬하게 표현하거나 통제하기 어려운 방식으로 분출하는 것이 과잉 반응 유형이다. 작은 일에도 크게 화내거나 슬픔에 압도되어 일상생활이 어려워지는 등 감정의 강도를 조절하지 못하는 경우를 말한다.

과잉 반응은 주변 사람들에게 상처를 주고 관계를 망칠 수 있다. 또한, 스스로에게도 큰 스트레스를 주며, 감정적인 소모가 심해 번아웃으로 이어지기 쉽다. 감정의 파도에 휩쓸려 중요한 결정을 그르치기도 한다.

이제 여러분의 '감정 기록 케어 노트(117쪽)'를 다시 한 번 살펴보길 바란다. 내가 주로 어떤 감정에 어떻게 반응하고 있었는지 혹시 건강하지 못한 반응 패턴을 가지고 있지는 않았는지 솔직하게 마주하는 것이 셀프케어의 첫걸음이다. 자신의 감정 반응 유형을 아는 것만으로도 우리는 감정을 다루는 데 한 발 더 다가설 수 있다.

**9장**

# 마음 온도에 맞는 셀프 케어 전략

,

## 감정 온도별 셀프케어

 이제 감정 '온도'에 맞춰 나를 위한 맞춤형 '셀프 케어 도구'를 선택할 차례다. 감정의 온도가 펄펄 끓을 때와 잔잔할 때의 대처법은 달라야 한다. 마치 고열에는 해열제를 가벼운 몸살에는 따뜻한 차를 마시는 것처럼 말이다.
 여러분의 '감정 기록 케어 노트'의 '감정 온도' 항목에 기록했던 그 온도를 떠올려보길 바란다. 그 온도가 높을수록 더 강력하고 즉각적인 케어가 필요하고 낮을수록 마음을 다독이는 섬세한 케어가 필요하다.

### ✓ 높은 온도(7~10점): 긴급 진화 전략

이때의 감정 상태는 화남, 분노, 극심한 불안, 패닉, 극도의 스트레스와 같다. 감정이 폭발 직전이거나 통제 불능이라고 느껴질 때 여기에 해당한다. 목표는 감정의 불을 즉시 끄고, 이성을 되찾아 안전한 상태로 돌아오는 것이다. 아래는 이때 필요한 케어 방법이다.

- **잠시 멈춤** Stop & Pause: 지금 당장 하던 일을 멈추고 그 자리에서 벗어나야 한다. 화장실, 조용한 복도 등 잠시 혼자 있을 수 있는 공간으로 이동한다.

- **심호흡** Deep Breathing: 가장 강력하고 즉각적인 진화법이다. 코로 천천히 숨을 깊게 들이쉬고, 입으로 길게 내쉬어라. 숨을 내쉴 때 내 안의 부정적인 감정이 함께 빠져나간다고 상상해 보라. 5-10회 반복하면 놀랍도록 마음이 진정된다(감정 기록 케어 노트의 '나를 위한 셀프 케어'에 '심호흡 10회' 기록한다).

- **오감 활용** Grounding: 주변 사물 5가지 보기, 소리 4가지 듣기, 몸에 닿는 것 3가지 느끼기, 냄새 2가지 맡기, 맛 1가지 느끼기(5-4-3-2-1 기법)를 시도한다. 현재에 집중하여 감정의 소용돌이에서 벗어나는 데 도움을 준다.

- **찬물 세수/손 씻기**: 얼굴이나 손에 찬물을 대는 것은 즉각적으로 교감신경을 안정시키고 마음을 가라앉히는 데 효과적이다.

✓ **중간 온도(4~6점): 능동적 조절 전략**

이때의 감정 상태는 가벼운 짜증, 불쾌감, 답답함, 또는 은은한 우울감이나 불안감과 같다. 감정이 아직 폭발 직전은 아니지만, 불편함이 서서히 쌓여가고 있을 때 여기에 해당한다. 목표는 감정이 더 악화되기 전에 스스로 알아차리고, 잘 조절하여 안정적인 상태를 유지하는 것이다. 혹은 감정의 원인을 잠시 들여다보는 시간을 갖는 것이다. 아래는 이때 필요한 케어 방법이다.

- 글쓰기: 감정 기록 케어 노트의 '배운 점' 칸을 활용해 오늘 느낀 감정을 솔직하게 적어본다. 누구에게 보여주기 위함이 아닌, 오직 나를 위한 글쓰기는 감정을 객관적으로 바라보고 해소하는 데 큰 도움이 된다.

- 대화하기: 믿을 수 있는 친구, 가족, 멘토에게 솔직하게 감정을 이야기해 본다. 말로 표현하는 것만으로도 감정의 무게가 가벼워지고, 공감을 통해 위로를 얻을 수 있다.

- 몸 움직이기: 가벼운 산책, 스트레칭, 요가 등 몸을 움직이면 답답했던 감정이 해소되고, 기분 전환에 도움이 된다. 햇볕을 쬐며 걷는 것은 우울감을 낮추는 데 특히 효과적이다(감정 기록 케어 노트의 '나를 위한 셀프 케어'에 '동네 한 바퀴 산책'을 기록한다).

- 기분 전환 활동: 좋아하는 음악 듣기, 영화 보기, 취미 활동하기, 맛있는 음식 먹기 등 나를 즐겁게 하는 활동에 몰입하여 감정의 흐름을 바꾸는 것이다.

✓ **낮은 온도(1~3점): 마음 다독이기 전략**

이때의 감정 상태는 차분함, 편안함과 같다. 또는 약간의 슬픔, 무기력, 지루함처럼 감정의 강도가 낮고 비교적 안정적인 상태에 해당한다. 목표는 이러한 평온한 감정을 유지하고 더욱 강화하는 것이다. 나아가 내면의 평화를 깊게 다지는 것이 최종 목표이다. 아래는 이때 필요한 케어 방법이다.

- **마음챙김 명상:** 오직 '지금 여기'에 집중하는 연습이다. 숨 쉬는 것에 집중하거나, 주변 소리를 듣는 등 현재 순간에 머무르며 마음의 평화를 찾는다.

- **자연 속에서 시간 보내기:** 숲길 걷기, 공원 벤치에 앉아 바람 느끼기 등 자연은 그 자체로 치유의 힘을 가지고 있다.

- **감사일기 쓰기:** 오늘 감사했던 일 3가지를 적어본다. 작은 것에서도 긍정적인 면을 찾으려 노력하면 마음이 풍요로워진다.

- **자기 연민 연습:** 힘들고 지쳐있는 나 자신에게 따뜻한 위로의 말을 건네는 것이다. "괜찮아, 그럴 수 있어. 잘하고 있어."

## 나만의 감정 케어 루틴 만들기

셀프 감정 케어는 한두 번 한다고 완성되는 것이 아니다. 꾸준히 연습하고 나에게 맞는 방법을 찾아 나만의 '감정 케어 루틴'을 만드는 것이 중요하다. 마치 운동 루틴을 만들듯이 말이다. 지금까지 기록한 '감정 기록 케어 노트'를 다시 펼쳐보길 바란다. 특히 케어 후 '감정 온도'와 '오늘 나에게 배운 점' 항목을 집중적으로 살펴보라.

어떤 감정 유형에서 어떤 케어 방법이 가장 효과적이었는가?

- 예 1. "나는 짜증 감정이 8점일 때, 심호흡과 산책이 온도를 3점까지 낮추는 데 효과적이었다."
- 예 2. "나는 슬픔 감정일 때는 친구와 대화하는 것보다 혼자 글쓰는 게 더 위로가 되었다."

자주 나타나는 감정 유형에 대해 어떤 케어 방법을 우선적으로 적용할 것인가?

이제 여러분은 자신만의 '감정 비상 키트'를 만들 준비가 되었다. 이 키트에는 어떤 감정이 찾아와도 나를 돌볼 수 있는 나만의 '최애' 셀프 케어 도구들이 담겨 있을 것이다.

## 일상에 작은 습관으로 만들기

매일 아침 '오늘의 감정 온도'를 가볍게 체크하고 그날의 감정 날씨를 예측해 보라.

점심시간이나 퇴근 후, 잠자리에 들기 전 등 하루 중 짧은 시간을 정해 나만의 감정 케어 루틴을 실천해 보라. 처음에는 5분이라도 괜찮다. 통합 시트를 꾸준히 기록하며 나에게 어떤 루틴이 가장 잘 맞는지 계속해서 업데이트해 나가는 것이다.

# 감정 기록 케어 노트

우리는 매일 다양한 감정을 느껴요. 이 노트는 스스로의 감정을 알아차리고 감정 온도를 측정하며 돌아보게 해줘요. 감정을 알아차리는 것부터 건강하게 다루는 것까지 이 노트 하나로 내 마음을 온전히 들여다보고 관리해보세요.

---

### ✓ 긍정적 감정

- **# 행복** 　즐거운, 유쾌한, 만족스러운, 상쾌한, 뿌듯한
- **# 평온** 　담담한, 안심되는, 고요한, 여유로운, 평화로운
- **# 흥미** 　흥미로운, 재미있는, 끌리는, 호기심 넘치는

### ✓ 부정적 감정

- **# 불안** 　걱정스러운, 초조한, 긴장되는, 무서운, 막막한, 위축되는
- **# 분노** 　화난, 불쾌한, 불만스러운, 신경질적인, 속상한, 답답한, 짜증스러운
- **# 슬픔** 　서운한, 울적한, 허탈한, 외로운, 절망스러운
- **# 혐오** 　실색인, 역겨운, 끔찍한, 혐오스러운

### ✓ 복합/기타 감정

- **# 놀라움** 　신기한, 경이로운, 혼란스러운, 당혹스러운
- **# 수치심** 　부끄러운, 창피한, 죄책감 드는, 후회스러운
- **# 무기력** 　지쳐있는, 멍한, 힘든, 소진된

매일 한 번 또는 강렬한 감정을 느꼈을 때 기록 양식

,

Today : _____ · _____ · _____   (Date : _____)

---

### ✓ 오늘의 대표 감정 단어

당신의 감정을 가장 잘 나타내는 단어는 무엇이었나요?

..................................................................................................

..................................................................................................

..................................................................................................

# 위 표의 예시를 참고하거나, 자신에게 가장 적합한 단어를 직접 적어주세요.

### ✓ 감정 온도 (시작)

이 감정, 얼마나 뜨거웠을까요?
위에서 선택한 감정의 강도는 1~10점 중 몇 점이었나요?

# 감정 온도-시작, 10점에 가까울수록 강렬함

## ✓ 그 감정, 왜 그랬을까? (상황&계기)

이 감정을 느끼게 된 구체적인 상황이나 계기는 무엇이었나요? 어떤 일이 있었을 때, 어떤 사람과 대화했을 때, 어떤 생각을 했을 때 이 감정이 올라왔나요?

..........................................................................................

..........................................................................................

..........................................................................................

# 예) 짜증: 점심시간에 식당 줄이 너무 길어서

## ✓ 그 감정을 느꼈을 때 내 몸은 어떻게 반응했나요?

내 몸은 어땠나요? (신체 반응, 해당하는 곳에 체크하거나 자유롭게 적기)

| 가슴 답답함 ☐ | 손발 저림 ☐ | 식은땀 ☐ |
| 어깨 뭉침 ☐ | 심장 두근거림 ☐ | 몸에 열 오름 ☐ |
| 두통 ☐ | 위장 통증 ☐ | 기타 ......... ☐ |

## ✓ 나를 위한 셀프 케어 (시도한 방법)

그 감정을 다스리기 위해 어떤 방법을 시도했나요? (최대한 구체적으로 적어주세요)

..........................................................................................

..........................................................................................

..........................................................................................

# 예) 화장실에 가서 5분간 심호흡을 했고, '괜찮아, 잘할 수 있어'라고 스스로에게 말해줬어.

## ✓ 감정 온도(결과)

셀프 케어 방법을 시도한 후 감정의 강도는 1~10점 중 몇 점으로 변했나요?

#케어 전후 온도를 비교하여 효과를 직관적으로 파악할 수 있도록 합니다.


## ✓ 오늘 나에게 배운 점(통찰)

오늘의 감정 기록을 통해 내가 새롭게 알게 된 점이나, 이 감정을 다루는 데 어떤 통찰을 얻었나요?(이런 상황에서 나는 주로 어떤 감정을 느끼는구나, 어떤 케어 방법이 나에게 효과적이구나 등)

.................................................................................

.................................................................................

.................................................................................


## ✓ 오늘 나에게 배운 점(다음 계획)

다음에 비슷한 감정이 찾아오면 어떻게 해볼 건가요?

.................................................................................

.................................................................................

# 예) 불안감이 높을 때는 심호흡과 자기 격려가 생각보다 효과가 좋구나. 다음에도 불안할 때 이 방법을 써봐야겠어.

## 감정 기록 케어 노트를 더 잘 활용하는 방법

,

### ✓ 주간/월간 감정 패턴 분석
매일 기록한 노트들을 모아 주간/월간 단위로 가장 많이 나타난 감정 색깔과 온도를 파악해 보세요. 어떤 감정이 나를 자주 찾아오는지, 어떤 케어 방법이 나에게 가장 효과적인지 한눈에 파악할 수 있어요!

### ✓ 판단하지 않기
어떤 감정이든 '나쁜' 감정은 없어요. 이 노트는 감정을 '좋다/나쁘다'로 판단하는 것이 아니라, '관찰'하는 연습이에요. 있는 그대로의 나를 받아들이는 연습을 해보세요!

10 장

# 욕구 불일치가 일어났을 때

,

## 숨겨진 욕구가 좌절될 때

입사 5년 차 P 대리는 한때 열정 넘치는 신입사원이었다. 새로운 것을 배우고 자신의 아이디어를 실현하며 회사에 기여하고 싶다는 '성장'과 '의미'에 대한 욕구가 가득했다. 하지만 현실은 달랐다. 그의 업무는 몇 년째 반복되는 단순 데이터 입력과 서류 정리의 연속이었다. 가끔 새로운 프로젝트가 생겨도, 상사는 모든 것을 세세하게 지시하며 P 대리에게 '자율성'을 발휘할 기회를 주지 않았다.

처음에는 '다 배우는 과정이겠지'라며 스스로를 다독였다. 하지만 시간이 흐를수록 그는 회사에서 자신의 존재가 단순한 부품처럼 느껴졌다. 퇴근 후에도 몸은 천근만근 무거웠고 주말에는 아무것도 하고 싶지 않아 침대에 누워만 있었다. 예전에는 즐기던 취미 활동도 흥미를 잃었고, 친구들과의 약속도 피하기 시작했다. 사소한 일에도 짜증이 늘었고, 아침에 눈을 뜨면 출근할 생각에 한숨부터 나왔다.

이것은 단순히 '업무 스트레스'가 아니었다. 자신의 성장과 의미 있는 기여, 그리고 주도적인 삶을 바랐던 그의 핵심 욕구들이 직장에서 전혀 충족되지 못하면서 발생한 깊은 좌절감이었다. 이러한 욕구 불일치는 P 대리의 일상에 만성적인 스트레스를 가져왔고 결국 몸과 마음이 완전히 소진되는 '번아웃'으로 이어지는 길을 걷게 만들었다.

## 욕구 불일치가 만드는 깊은 좌절과 일상 붕괴

우리가 퇴근 후 OTT를 보며 시간을 보내는 것은 단순히 '재미'만을 위한 것이 아니다. 그 뒤에는 '휴식'이나 '재충전'의 욕구가 숨어 있다.

욕구란 무엇일까? 단순히 '원하는 것 Wants'과는 다르다. 원하는 것은 것은 피상적이거나 실제 얻을 수 있는 유형의 것이라면 욕구는 그 뒤에 숨어있는 인간의 보편적이고 근본적인 필요를 말한다. 매슬로우는 인간의 동기가 생리적, 안전, 소속과 사랑, 존중의 욕구를 차례로 거쳐 최종적으로 자신의 잠재력을 실현하려는 자아실현 욕구로 나아간다고 설명한다. 우리가 살아 숨 쉬고, 성장하며 다른 사람과 연결되고자 하는 본질적인 동기인 것이다. 욕구가 충족되면 우리는 만족감과 기쁨을 느끼고 욕구가 충족되지 않으면 불편함이나 괴로움을 느낀다. 마치 목마를 때 물을 마셔야 하는 것처럼 우리의 내면에도 채워져야 할 다양한 욕구들이 존재한다.

하지만 이처럼 간절한 우리의 욕구가 현실과 부딪혀 충족되지 못할 때 우리는 깊은 좌절감과 무력감을 경험한다. 욕구와 현실이 불일치하는 순간, 우리의 삶은 흔들리기 시작한다.

- 칼퇴를 간절히 바라지만, 눈치 보여 야근을 선택하는 직장인의 막막함(욕구: 자율성, 휴식, 존중).
- 밤새 공들인 기획안이 상사의 한마디에 묵살될 때의 허탈함(욕구: 인정, 기여, 이해).
- 온라인 세상에서 수많은 '친구'를 맺고도 깊은 외로움을 느낄 때의 공허함(욕구: 소통, 친밀감, 이해).
- 어렵게 시작한 운동이 생각보다 더디게 몸의 변화를 보일 때의 실망감(욕구: 성장, 효능감, 성취).

위 예시들은 모두 우리의 근본적인 욕구가 채워지지 않았을 때 경험하는 불편함과 좌절을 보여준다. 이제부터 우리는 이 숨겨진 욕구들을 어떻게 발견하고 이해할 수 있을지 함께 탐색할 것이다.

## 고정관념의 늪

"저 사람은 분명히 집안에 돈이 넉넉해서 잘 된 걸 거야~!", "저 사람은 머리가 원래부터 좋았을 거야~ 얼마나 좋아~ 하고 싶은 일 다 하고 살고!", "이미 잘 될 사람은 싹이 보여~! 애초에 시작부터 다르기에 나랑은 비교 대상이 안 돼!"

시작이 아닌 포기를 부추기는 사고이자 나의 말이었다. 누군가가 그렇게 이야기하면 그마저도 '아~ 그래서 그런 거구나!'라면서 치부하곤 했었다. 위와 같은 대화 속에 군중심리가 있어서 암묵적으로 너도나도 그렇게 말하면 이젠 그 말이 진짜가 되어버린다.

심리학자 캐롤 드웩Carol Dweck은 사람들이 자신의 능력과 가능성을 어떻게 보는지 '고정형 사고'와 '성장형 사고'로 설명한다. 고정형 사고를 가진 사람들은 능력이 타고나는 것이라고 믿는다. 그래서 실패를 두려워하고 새로운 도전을 피하는 경향이 있다. 반면, 성장형 사고를 가진 사람들은 노력과 학습을 통해 능력을 발전시킬 수 있다고 믿는다. '이미 잘 될 사람은 싹이 보이지!'라는 생각은 고정형 사고의 대표적인 모습이다. 이는 타인의 성공을 타고난 재능으로만 여기고, 자신의 성장 가능성을 스스로 제한하는 태도다.

누구나 첫 시작에서 **빠른 결과**를 기대하곤 한다. 대개 사람들은 나보다 타인이 더 쉽게 성공하거나 목표를 이루었다고 생각하기도 한다. 하지만 정작 그 안에서의 과정과 노력은 눈에 보이지 않기 때문에, 타인의 성취가 마치 아무 어려움 없이 이루어진 것처럼 느껴질 때가 많다. 이 감정은 종종 "왜 나는 이렇게 더딜까?"라는 자기비판으로 이어지기도 한다.

우리가 원하는 것이 마음처럼 빠르게 충족되지 않을 때, 우리는 종종 버거움을 느낀다. 이는 단순히 조급함 때문만은 아니다. 새로운 부업으로 시작한 온라인 쇼핑몰에서 한 달 만에 월급만큼의 수익을 기대하거나, 몇 번의 운동으로 드라마틱한 몸의 변화를 바라는 것처럼, 어른들도 무언가를 간절히 바랄 때, 그 욕구가 바로 충족되기를 바라는 마음이 들곤 한다. 그러나 이러한 마음은 성공을 조급히 만들고 과정에서 필요한 시간과 경험을 간과하게 만들고, 결국 욕구 충족의 기회를 놓치게 만들기도 한다.

## 조급함을 넘어: 욕구 충족의 진정한 의미

원하는 것이 즉시 이루어지지 않을 때, 나는 쉽게 좌절하곤 했다. 무언가를 간절히 바라는 욕구가 충족되지 못하면서 불안이 커지는 악순환의 시작이었다. 늘 빠르게 결과를 얻기 위해 앞만 보고 달렸다. 어떻게든 해결하려는 마음으로 지치는 방법보다는 더 나아가는 방법만 배웠다. 하지만 과정에서 마주쳐야 할 상황이나 사람을 외면하게 되었고 그로 인해 불안감이 더 커지는 악순환을 겪게 된 것이다. 마치 눈앞에 닿을 수 있는 목표가 바로 있을 것처럼 신났다. 간절한 욕구가 '좌절됐다'를 반복하며 마음만 속절없이 무너지는 날들이 있었다. 그러다 어느 순간 목표보다 그 과정에서의 경험과 욕구 충족의 방식이 더 중요하다는 것을 깨닫게 되었다.

첫술에 배부르지 않아도 괜찮다. 욕구는 우리의 성장과 성취를 이끄는 원동력이 될 수 있다. 하지만 그 욕심이 조급함으로 변질될 때, 우리는 그 과정에서 필요한 여유를 놓치게 된다. 첫술에 배불러지려는 마음을 내려놓고, 시간을 두고 과정을 받아들이는 것이 중요한 것이다. 모든 일은 쉽게 이루어질 수 없는 것이며 빠르게 올수록 더 들여다봐야 한다는 것을 한참 뒤에야 알았다. 포기를 부르는 사고를 멈추고 여유를 가지기 위한 방법을 안내한다.

11 장

# 숨겨진 욕구 관찰법

,

## 욕구 관찰의 시작

그럼 이 숨겨진 욕구들을 어떻게 발견하고 이해할 수 있을까? 우리의 몸과 마음은 욕구가 충족되지 못할 때 다양한 신호를 보낸다. 불편함, 짜증, 불안, 혹은 간절한 바람 같은 것들 말이다. 이 신호들을 알아차리는 것이 바로 욕구 관찰의 시작이다.

## 내 안의 욕구를 찾아가는 3단계 실천 가이드

일상 속에서 욕구를 관찰하는 방법은 다음과 같다.

첫째, 불편함의 순간을 포착해야 한다. 무언가 불편하거나, 짜증이 나거나, 혹은 간절히 바라는 마음이 들 때는 잠시 멈춰서 '내가 지금 무엇을 필요로 하는가?'라고 스스로에게 질문해 본다. 우리가 느끼는 불편함은 그저 불쾌한 감정이 아니다. 그것은 곧 '지금 나에게 꼭 필요한 무언가가 있다'고 알려주는 내면의 확실한 신호이다.

둘째, 상황을 객관적으로 묘사해야 한다. '누가 나를 무시했다'는 판단 대신, '그 사람이 내 말을 듣지 않고 자기 말만 했다'처럼 판단 없이 상황을 있는 그대로 설명해 보라. 감정이나 주관적인 해석을 배제하고, 실제로 일어난 사실에만 집중하는 것이다. 이는 감정의 소용돌이에서 벗어나 욕구에 더 집중할 수 있게 돕는다.

셋째, 내면의 소리에 귀 기울여야 한다. 객관적으로 묘사된 상황에서 내가 정말로 바라는 것은 무엇인지, 어떤 욕구가 충족되기를 간절히 원하는지 찾아본다. 이때 당신이 느끼는 감정은 욕구를 찾아가는 중요한 단서가 된다. 예를 들어, 상사의 피드백 없는 지시에 '답답함'을 느꼈다면, 그 뒤에는 '이해받고 싶은 욕구'나 '명확성에 대한 욕구'가 숨어 있을 수 있다. '나는 왜 이렇게 화가 나지?' 대신 '나는 지금 무엇을 간절히 바라는가?'라고 질문해보자.

## 욕구에 이름 붙이기 : 나를 만나고 기록하는 여정

자신의 욕구에 가장 적합한 이름을 붙여보라. '그냥 기분이 안 좋아'에서 "나의 '인정' 욕구가 충족되지 않아서 불편해"로 구체화하는 순간, 당신은 자신의 내면을 더 명확하게 이해하고, 문제 해결의 실마리를 찾을 수 있게 될 것이다.

이렇게 욕구를 관찰하고 나면, 다음 단계는 그 욕구들을 기록하는 것이다. 당신의 삶에서 어떤 욕구들이 간절하게 충족되기를 바라는지, 그리고 그 간절함의 정도는 어느 정도인지 1부터 10까지의 강도로 나타내어 기록해보라. 당신의 욕구에 귀 기울이는 것만으로도, 당신의 삶은 더 풍요로워지고 당신은 진정한 '나'를 만날 수 있을 것이다.

## 내면에 숨은 욕구 들여다보기

상황은 직장 상사가 내가 제출한 기획안에 대해 구체적인 피드백 없이 "다시 해와"라고만 지시했다. 주말 내내 공들인 기획안이었는데 이유도 모른 채 다시 해야 한다는 생각에 답답하고 의욕이 떨어진다.
이러한 상황 이면에는 '이해받고 싶은 욕구', '인정받고 싶은 욕구'는 물론 자신의 노력을 알아주고 무엇을 개선해야 할지 명확히 알고 싶은 명확성에 대한 욕구까지 숨어 있다.

✓ 나의 간절한 욕구 기록하기

느낀 욕구: 이해, 인정, 명확성

간절함(강도): ( #이해  8 / 10 )  ( #인정  7 / 10 )  ( #명확성  9 / 10 )

- 작은 단계를 목표로 삼기

상사에게 구체적인 피드백을 요청하는 것을 목표로 삼고 이를 위해 '상사에게 미팅 요청하기', '질문 목록 미리 작성하기'와 같은 작은 단계를 설정한다. 이를 통해 욕구 충족을 위한 첫걸음을 내딛는다.

- 욕구 충족을 위한 휴식과 여유 찾기

답답함과 의욕 저하가 느껴질 때 잠시 업무를 멈추고 좋아하는 음악을 들으며 10분간 휴식을 취한다. 이를 통해 '휴식'이라는 욕구를 충족시키고 마음의 여유를 되찾는다.

- 첫술의 가치를 다시 보기

상사와의 미팅 후에도 기획안이 완벽하지 않을 수 있다. 하지만 피드백을 요청하고 자신의 의견을 표현한 그 과정을 '소통'과 '성장'의 소중한 경험으로 재평가한다. 완벽한 결과가 아니어도 괜찮다. 오히려 그 과정에서 얻은 배움과 용기를 인정한다.

**12장**

# 발견한 욕구, 능동적인 채움의 기술

,

　자, 여기까지 욕구를 관찰하는 방법들을 찾아보고 질문으로 바꾸어도 보았다. 수면 위로 드러나는 것이 아니라 숨겨진 것이기에 들여다보기로 했다는 것만으로도 놀라운 발견이다. 오랫동안 욕구 관찰 일지를 쓰면서 데이터를 종합해본 결과 발견한 사실은 매번 같은 지점에서 걸려 넘어지는 나 자신을 발견한 것이였다. 즉, 부정적인 감정으로 이동하는 순간을 좀 더 면밀하게 포착할 수 있었다. 갑작스러운 상황에 올라오는 감정도 있지만 오래가거나 유지되는 감정들의 경우들은 대개 욕구의 지속적인 좌절이 반복되었다는 것을 알게 되었다. 힘들면 누군가를 찾아 조언을 구하는 것도 좋지만 자신의 욕구 서열을 놓고 욕구에게 물어보는 것이 가장 정확했다.

계속해서 같은 문제로 어려움을 겪는 지점들을 발견했다. 이처럼 반복되는 난관들을 인지하면서 욕구의 우선순위를 파악하게 된 것이다. 다만 그 욕구를 어떤 이름으로 명명해야 할지조차 몰라서 찾는 방법도 몰랐다. 결국 꾸준한 자기관찰이 이루어져야 한다는 것이다. 감정의 파트를 여러 갈래로 쪼개어본 이유도 지금 느껴지는 감정에 머물러보는 것도 괜찮다는 이야기를 해주고 싶다. 우리는 책이든 유튜브든 다양한 매체를 통해 정보를 얻는다. 하지만 내 안의 정보를 얻기 위해서는 어떤 도구가 해결해주기는 어렵다. 스스로에게 한 템포 쉬어간다는 마음으로 여유를 주는 것을 연습해야 한다. 자신을 객관화시킨다는 것은 어렵지만 지금의 나에게 의구심을 가지면서 바라보면 나타난다는 지점이 있기 때문이다.

자신의 불편한 감정들 뒤에 숨어있는 욕구를 들여다보는 것만으로도 자신의 감정을 돌보고 있다는 것과 일맥상통하다. 지나쳐버리는 순간이 아닌 그때의 나를 다시 만나고 공감해 줄 만한 도닥거림이 중요한 이유다.

## 내비게이션, 그리고 능동적인 행동의 필요성

자신의 욕구를 알아차리는 것은 매우 중요한 첫걸음이다. 마치 내비게이션이 목적지를 알려주는 것과 같다. 하지만 목적지를 알았다고 해서 차가 저절로 움직이는 것은 아니다. 운전대를 잡고 액셀을 밟는 '행동'이 필요하다. 욕구도 마찬가지다. 욕구는 마치 갈증과 같아서 발견하는 것만으로는 해소되지 않는다. 물을 마시는 행동이 필요하듯 욕구도 충족을 위한 능동적인 행동으로 하여금 채워갈 수 있다.

    욕구 충족은 단순히 '문제를 해결하는 것'을 넘어 나의 삶을 주도적으로 이끌어가는 '능동적인 채움의 기술'이다. 욕구가 충족되지 못할 때 우리는 무력감과 좌절을 느끼기 쉽다. 이때 중요한 것은 자신을 비난하거나 상황을 탓하며 멈춰 서지 않는 것이다. 오히려 그 불편함을 '나에게 무언가 필요하다는 신호'로 인식하고 스스로를 위한 행동을 선택하는 용기가 필요하다. 심리학자 크리스틴 네프 Kristin Neff가 강조하는 '자기 연민 Self-Compassion'처럼, 욕구가 충족되지 못해 힘든 나 자신을 따뜻하게 이해하고 보듬어주는 것부터 시작하는 것이 바로 이 능동적인 채움의 기술의 첫 단추가 된다. 나를 이해하고 받아들일 때 비로소 나를 위한 최적의 행동을 선택할 수 있기 때문이다.

    그럼, 어떤 행동이 필요할까? 욕구 충족을 위한 행동은 발견한 욕구의 종류와 현재 상황 그리고 개인의 특성에 따라 모두 다르다. 하지만 크게 세 가지 유형으로 나누어 생각해 볼 수 있다.

## 직접적인 충족

    첫 번째는 직접적인 충족이 가장 빠르고 명확한 길이다. 때로는 우리의 욕구를 가장 빠르고 효과적으로 채우는 방법은 바로 그 욕구와 관련된 대상을 향해 직접적으로 나아가는 것이다. 이는 마치 배가 고플 때 식당으로 가서 음식을 주문하는 것처럼 욕구를 명확히 인식하고 그에 맞는 행동을 취하는 것을 의미한다.

예를 들어, 상사의 모호한 지시 때문에 '명확성' 욕구가 강하게 느껴진다면 단순히 답답해하는 대신 상사에게 구체적인 피드백을 요청하는 미팅을 잡고 궁금한 점을 미리 정리하여 질문하는 행동을 취할 수 있다. 자신의 욕구를 명확히 인식하고 이를 바탕으로 타인에게 구체적이고 긍정적인 언어로 도움을 요청하는 것이다. 이러한 직접적인 소통은 불필요한 오해를 줄이고 욕구 충족의 가능성을 높이는 가장 명확한 길을 열어준다.

## 대체적 충족

하지만 모든 욕구를 직접적으로 충족시킬 수 있는 것은 아니다. 때로는 외부 상황이 여의치 않거나 즉각적인 해결이 어려운 경우가 있다. 예를 들어 회사에서 '성장' 욕구가 충족되지 않는 상황이 대표적이다. 새로운 업무 기회가 당장 주어지지 않는다면 그 욕구를 마냥 기다리며 좌절할 수는 없다. 이때 필요한 것이 바로 '대체적 충족'이다. 이는 유사한 욕구를 다른 방식이나 다른 환경에서 채우는 지혜로운 선택이다. 회사 밖에서 온라인 강의를 듣거나 관련 분야의 독서 모임에 참여하는 등 개인적인 배움의 기회를 찾아 나서는 것이 그 예다. 주어진 환경 내에서 자신의 욕구를 충족시킬 창의적인 방법을 찾는 것이다. 욕구 충족의 '방법'은 다양할 수 있음을 인정하고 하나의 길에만 매달리지 않는 유연한 사고가 필요하다.

## 내면적 충족

어떤 욕구는 외부 상황의 변화 없이 오직 내면의 태도 변화나 자기 돌봄을 통해서만 충족될 수 있다. 이는 스스로에게 힘을 부여하고, 외부 상황에 대한 의존도를 낮추는 가장 근본적이고 강력한 방법이다. 예를 들어 불확실한 미래 때문에 '안정감' 욕구가 충족되지 못해 불안에 시달린다면, 외부 환경을 통제하려 애쓰기보다 내면의 평화를 찾는 훈련이 필요하다. 매일 아침 10분 명상을 통해 불안한 마음을 관찰하고 평정심을 찾는 연습을 하거나 스스로에게 "나는 어떤 상황에서도 나를 지킬 수 있는 힘이 있다."고 확언하며 자기 확신을 다지는 것이다. 이것은 자신에게 깊이 집중하는 연습으로 시작한다. 지금 이 순간에 온전히 마음을 두고 내면의 소리에 귀를 기울이면, 스스로를 믿는 마음이 더욱 커진다. 그렇게 외부 환경에 쉽게 흔들리지 않는 내면의 평화와 강인함을 지켜낼 나만의 시스템을 구축하는 것이다. 이러한 내면의 힘 덕분에, 어떤 상황이 닥쳐도 스스로 어떻게 반응할지 선택할 수 있는 주체적인 힘을 기르게 된다.

## 작은 행동의 힘: 거창하지 않아도 괜찮다

욕구 충족을 위한 행동은 반드시 거창할 필요가 없다. 때로는 아주 작은 시도만으로도 우리는 큰 변화를 경험할 수 있다. '인정' 욕구가 간절할 때 상사에게 직접 말하기 어렵다면 동료에게 먼저 작은 도움을 주고 감사를 표현받는 것만으로도 부분적인 충족을 경험할 수 있다. '재충전' 욕구가 있다면 퇴근 후 OTT를 보는 대신 10분간 좋아하는 음악을 들으며 눈을 감는 것만으로도 충분하다.

중요한 것은 자신의 욕구를 외면하지 않고 귀 기울여 스스로를 위한 행동을 선택하는 것이다. 이 과정은 시행착오를 겪을 수 있다. 앞서서 욕구를 놓고 자신이 스스로 질문하는 것을 통해 멈추었다면 일상 속 작은 행동을 통해 방법을 고민해보는 것이다.

실제로 어떤 행동은 기대했던 만큼 효과가 없을 수도 있다. 하지만 걱정할 필요는 없다. '욕구 관찰 케어 노트'를 통해 자신의 행동과 그 결과를 꾸준히 기록한다. 그리고 실험하며 배우는 과정을 반복하면, 자신에게 가장 잘 맞는 방법을 찾아낼 수 있다. 이렇게 자신의 욕구에 귀 기울이는 것만으로도 삶은 훨씬 풍요로워진다. 그리고 당신은 진정한 자신을 만날 수 있을 것이다.

# 욕구 관찰 케어 노트

욕구 관찰 케어 노트란? 일상에서 느끼는 불편한 감정이나 반응 뒤에 숨어있는 진짜 욕구를 찾아내고, 그 욕구를 건강하게 충족할 수 있는 방법을 찾는 자기 돌봄 도구예요. 내 마음을 깊이 이해하고 돌보는 연습을 할 수 있어요.

Today : ___ · ___ · ___  (Date : ___ | Time : ___ )

✓ **상황의 객관적 묘사**

상사가 내가 제출한 기획안에 대해 구체적인 피드백 없이 "다시 해와"라고만 말했다.

✓ **나의 반응으로 내면과 몸은 어땠나요?**

막막함, 답답함, 의욕 상실.

몸이 무겁고 어깨가 뭉치며 한숨이 나온다.

✓ **어떤 욕구가 채워지지 않았나요?**

( # 이해  8 / 10 )  ( # 인정  7 / 10 )  ( # 명확성  9 / 10 )

✓ **욕구를 채우기 위해 무엇을 할 수 있을까요?**

상사에게 구체적인 피드백 요청 미팅 잡기.

답답함 해소를 위해 좋아하는 음악 들으며 10분 휴식 취하기.

## 작성 방법

**,**

### ✓ 상황 기록하기
언제: 구체적인 날짜와 시간을 적어주세요.
무엇이: 일어난 일을 객관적 사실만 기록하세요.(해석이나 판단 제외).

### ✓ 나의 반응 관찰하기
내면: 그때 느꼈던 감정들을 구체적으로 적어보세요.
몸 상태: 몸에서 느껴진 감각이나 변화를 기록하세요.

### ✓ 숨겨진 욕구 찾기
그 감정 뒤에 충족되지 않은 욕구가 무엇인지 탐색해보세요.
각 욕구별로 간절함의 정도를 1-10점으로 표시하세요.
참고: 인정, 이해, 안전, 자유, 소속감, 성장, 기여 등

### ✓ 실천 계획 세우기
찾아낸 욕구를 건강하게 충족할 수 있는 구체적인 행동을 계획하세요.
작고 실현 가능한 행동부터 시작하세요.

### ✓ 통찰 기록하기
이 과정을 통해 나에 대해 새롭게 알게 된 점을 적어보세요.
앞으로 어떻게 활용할지 다짐해보세요.

Today : _____ · _____ · _____    (Date : _____ | Time : _____ )

---

✓ **상황 기록하기**

................................................................
................................................................

✓ **나의 반응 관찰하기**

................................................................
................................................................

✓ **숨겨진 욕구 찾기**

( #          / 10 ) ···· ( #          / 10 ) ···· ( #          / 10 )

✓ **실천 계획 세우기**

................................................................
................................................................

✓ **통찰 기록하기**

................................................................
................................................................

,

Today :  ___ · ___ · ___   (Date : ___ | Time : ___)

---

✓ 상황 기록하기

..........................................................................................
..........................................................................................

✓ 나의 반응 관찰하기

..........................................................................................
..........................................................................................

✓ 숨겨진 욕구 찾기

( #           / 10 ) ···· ( #           / 10 ) ···· ( #           / 10 )

✓ 실천 계획 세우기

..........................................................................................
..........................................................................................

✓ 통찰 기록하기

..........................................................................................
..........................................................................................

---

**13 장**

# 진짜 감정 VS 가짜 감정

,

## 일차 감정과 이차 감정 구별하기

나는 오랫동안 내가 '화를 잘 내는 사람'이라고 생각했다. 어린 시절부터 사소한 일에도 금세 화를 내고 친구들과 다투고 부모님께 버럭 소리를 지르곤 했으니까. 주변 사람들도 "너는 성격이 급해"라며 내 성격을 단정 지었다. 그런데 40대가 되어서야 깨달았다. 내가 화를 낸다고 생각했던 순간들을 다시 떠올려보니 사실은 상처받았거나 무서웠거나 외로웠던 때가 대부분이었다는 것을 말이다.

우리는 내 마음의 날씨를 읽고 어떤 감정이 어떤 온도로 찾아왔는지 섬세하게 관찰하는 연습을 했다. 이제 한 걸음 더 나아가 우리가 느끼는 감정들에도 '진짜 얼굴'과 '가면'이 있다는 사실을 이야기해볼까 한다. 모든 감정이 우리가 생각하는 그대로의 모습은 아니기 때문이다. 우리가 느끼는 감정들은 단순히 하나의 덩어리가 아니라 여러 겹의 옷을 입고 있는 복합적인 반응들이다. 심리학에서는 이 감정들을 다양한 관점에서 분류하여 이해를 돕고 있다. 때로는 우리가 표현하는 감정이 실제 우리 내면에서 일어나는 감정과 다를 수 있다. 이 감정의 진짜 모습과 가짜 모습을 구별하는 법을 이해하는 것은 자신의 감정을 더 깊이 이해하고 나아가 더 건강하게 감정을 다루는 데 매우 중요한 열쇠가 된다.

우리가 어떤 사건을 마주했을 때, 가장 먼저 그리고 본능적으로 나타나는 감정이 있다. 이를 일차 감정 Primary Emotions 이라고 부른다. 이는 마치 번개처럼 빠르게 우리에게 찾아오는 학습되지 않은 순수한 반응이다. 예를 들어 길을 걷다 갑자기 차가 튀어나와 심장이 '쿵' 내려앉으며 느껴지는 '두려움', 혹은 소중한 사람을 잃었을 때 터져 나오는 '슬픔'이 바로 일차 감정이다.

하지만 우리는 이 일차 감정을 있는 그대로 느끼고 표현하기 어려울 때가 많다. 사회적 규범이나 과거의 경험 때문에 '이렇게 느끼면 안 돼'라고 스스로를 검열하거나, 그 감정을 느끼는 자신이 약해 보일까 봐 두려워하기도 한다. 이때 일차 감정 위에 덧씌워지거나, 일차 감정에 대한 반응으로 나타나는 감정을 이차 감정 Secondary Emotions 이라고 한다.

## 일차 감정을 가리는 이차 감정의 정체

예를 들어보자. 당신이 중요한 발표를 망쳤다고 생각해보자. 이때 느껴지는 '좌절감'이나 '실망감'이 일차 감정이다. 그런데 이 좌절감을 느끼는 자신에게 '내가 고작 이것밖에 안 되나?'하는 생각과 함께 '짜증'이 치밀어 오르거나, '이런 감정을 느끼는 내가 한심하다'는 '자기혐오'가 들 수 있다. 이때의 짜증이나 자기혐오는 일차 감정인 좌절감에 대한 이차적인 반응, 즉 이차 감정인 것이다. 이차 감정은 종종 우리가 불편한 일차 감정을 마주하고 싶지 않을 때 나타나기 쉽다.

문제는 이 이차 감정에 매몰되어 있는 동안 정작 중요한 것들을 놓치고 있었다는 점이다. 실수로부터 배울 점이 무엇인지 다음에는 어떻게 더 잘 준비할 수 있을지 그리고 그 순간 느꼈던 진짜 감정인 '부끄러움'을 어떻게 달래줄 수 있을지에 대해서는 전혀 생각하지 못했다.

이차 감정은 종종 여러분이 불편한 일차 감정을 마주하고 싶지 않을 때 나타나기 쉽다. 부끄러움이나 실망감 같은 취약한 감정을 직면하는 대신 분노나 자기혐오 같은 더 '통제 가능해 보이는' 감정으로 도피하는 것이다. 하지만 이런 도피는 결국 우리를 진짜 감정으로부터 더 멀어지게 만들고, 근본적인 해결책을 찾는 것을 방해한다.

일차 감정을 인정하고 받아들이는 것은 쉽지 않다. 하지만 그것이야말로 여러분이 감정과 건강하게 지낼 수 있는 첫 번째 단계다. 내가 정말로 느끼고 있는 것이 무엇인지 알아야 그 감정이 나에게 전하려는 메시지를 들을 수 있고, 나아가 그 감정을 건강하게 다룰 수 있다는 것을 기억하자.

**14 장**

# 핵심 감정과 도구적 감정

,

　이제 감정의 더 깊은 곳으로 들어가 보자. 느끼는 모든 감정은 그 이면에 중요한 메시지를 담고 있다. 이 메시지의 근원, 즉 우리 내면에서 가장 깊고 진실하게 느껴지는 감정을 핵심 감정Core Emotions이라고 부른다. 핵심 감정은 근본적인 욕구와 직접적으로 연결되어 있으며, 어떤 의도나 목적 없이 우리 존재의 가장 순수한 상태에서 발생하는 본질적인 느낌이다.

　하지만 때로는 이 핵심 감정을 있는 그대로 드러내기 어려울 때가 있다. 특히 슬픔, 두려움, 외로움처럼 우리가 '취약하다'고 여기는 감정들이 핵심 감정일 때 그렇다. 이때 우리는 무의식적으로 다른 사람에게 특정 반응을 이끌어내거나 혹은 우리가 느끼고 싶지 않은 핵심 감정을 회피하기 위해 다른 감정을 '선택'하여 표현하기도 한다. 이를 도구적 감정Instrumental Emotions이라고 부른다. 마치 어떤 목적을 달성하기 위한 '도구'처럼 사용되기 때문에 이런 이름이 붙었다.

## 일상 속 감정의 가면들 – 실제 사례로 보기

일상 속에서 핵심 감정과 도구적 감정의 차이를 살펴보자.

✓ '화' 뒤에 숨은 '슬픔'
K 대리는 최근 동료가 자신을 빼고 중요한 프로젝트를 진행했다는 사실을 알게 되었다. 그는 매우 '화가 난다'고 말하며 동료에게 따져 물었다. 하지만 K 대리의 진짜 핵심 감정은 '화'가 아니었다. 그는 동료에게 '서운함'을 느끼고 관계에서 소외된 것에 대한 '슬픔'과 '외로움'을 느꼈다.

✓ '무기력' 뒤에 숨은 '부담감'
C 사원은 새로운 업무를 맡았는데, 너무 어렵고 부담스러워 아무것도 손에 잡히지 않는다고 말하며 '무기력함'을 호소했다. C 사원은 사실 그 업무를 잘 해내야 한다는 '부담감'과 '실패에 대한 두려움'을 느끼고 있었다.

도구적 감정은 단기적으로는 원하는 것을 얻거나 불편한 감정을 피하는 데 효과적일 수 있다. 하지만 장기적으로는 진정한 소통을 방해하고, 우리의 핵심 감정을 외면하게 만들어 결국 더 큰 심리적 어려움을 초래할 수 있다.

## 감정의 '가면'을 벗고 '진짜 얼굴' 마주하는 5단계 방법

우리의 목표는 도구적 감정의 늪에서 벗어나 내면의 '핵심 감정'을 있는 그대로 마주하고 건강하게 다루는 것이다. 다음은 일상에서 바로 적용할 수 있는 구체적인 방법들이다.

✓ **1단계 감정의 '일시정지' 버튼 누르기**

강렬한 감정이 올라올 때, 즉각적으로 반응하기 전에 3초간 멈춰라. 이때 '잠깐, 내가 지금 정말로 느끼는 감정은 무엇인가?'라고 스스로에게 질문해 보라. 예를 들어, 동료가 무례하게 굴었을 때 '화'가 치밀어 오른다면, '내가 지금 정말 화가 난 걸까 아니면 무시당한 기분에 상처받은 걸까?'라고 물어보자.

✓ **2단계 몸의 감정 지도 읽기**

감정은 몸에 명확한 신호를 남긴다. 각 감정별로 몸에서 느껴지는 위치와 감각을 파악해보자.

- 진짜 슬픔: 가슴 깊은 곳이 텅 빈 느낌, 목구멍이 메는 느낌.
- 가면 속 화: 어깨와 목에 긴장, 주먹이 저절로 쥐어지는 느낌.
- 진짜 두려움: 배 밑바닥이 차갑게 식는 느낌, 심장이 빨라지는 느낌.
- 가면 속 무기력: 온몸이 무겁지만 실제로는 내면이 조급하고 불안한 느낌.

✓ **3단계 감정의 '왜?'보다 '무엇?'에 집중하기**

도구적 감정에 빠지면 "왜 이런 일이 일어났지?"라는 원인 분석에 매몰되기 쉽다. 대신 "내가 지금 무엇을 필요로 하고 있지?"에 집중하자.
예를 들어,
"왜 동료가 나를 무시하지?" → "나는 지금 인정받고 싶어 하는구나"
"왜 이렇게 불안하지?" → "나는 지금 안전함을 느끼고 싶어 하는구나"

✓ **4단계 취약한 감정을 '친구'로 맞이하기**

슬픔, 두려움, 외로움 같은 취약한 감정들을 적으로 보지 말고 소중한 정보를 전해주는 친구로 여겨라. "아, 슬픔이 찾아왔구나. 무엇을 알려주려고 왔을까?"라고 호기심을 가지고 맞이해보자.

✓ **5단계 핵심 감정을 표현하는 연습**

핵심 감정을 찾았다면, 이를 건강하게 표현하는 연습을 해보자. 도구적 감정 대신 핵심 감정으로 소통해보자.
도구적 표현: "네가 날 무시해서 화가 나!"
핵심 감정 표현: "네가 나를 배제했을 때 서운하고 외로웠어"

이러한 방법들을 통해 우리는 감정의 '가면' 뒤에 숨은 '진짜 얼굴'을 마주할 수 있다. 처음엔 어색하고 어려울 수 있지만, 연습할수록 우리는 더 진실한 자신과 만날 수 있고, 더 깊이 있는 인간관계를 맺을 수 있게 된다.

4부

## 멈춤을 일상으로

일상 및 습관 관리

**1 장**

# 나만의 '최적의 리듬' 찾기

,

미라클모닝을 하겠다고 온라인 모임에 비용까지 지급하고 시작했는데 3일째 되던 날, 결국 5시 기상은 실패로 끝났다.

잠을 언제 자는 것보다 중요한 것은 삶의 리듬을 찾아가기 위해서 '언제 자는 것이 더 나에게 맞는가?'를 찾아야 했다. 일찍 일어나려면 일찍 자야 하는데 거기서부터 어려웠다. 그때부터 나의 패턴을 관찰했다. 늦게 글을 쓰고 PPT를 만들며 최대로 집중력이 올라가는 밤 시간대를 놓치기가 아까웠다. 이러한 나만의 패턴이 단순한 개인차가 아님을 알고, 저녁형 수면에 대한 과학적인 연구를 더 찾아보았다.

저녁형 수면은 개인의 수면 패턴과 생체 리듬에 따라 밤늦게까지 활동적이고, 아침에는 상대적으로 느리게 시작하는 경향을 말한다. 이것을 '저녁형 크로노타입Evening Chronotype'이라고도 부른다. 이는 각자의 몸속 생체 시계가 자연스럽게 조절되는 방식에 따라 나타나는 현상이다. 반대로 아침형 크로노타입은 아침에 에너지가 최고조에 달하는 패턴을 보인다.

연구에 따르면 사람마다 수면 리듬이 다르며 이를 결정하는 주요 요소는 유전적 요인과 환경적 요인이 있다. 중요한 점은 '아침형'이나 '저녁형' 모두 자연스러운 변형일 뿐이라는 것이다. 특정 시간에 잠들고 일어나는 것보다 수면의 질과 총수면 시간이 더 큰 영향을 미친다고 밝혀졌다. 이 조사 결과로 나를 이해하게 되는 과정이 되어주었다.

## 각자의 시간에서 빛나는 우리

물론 아침형 인간이 누리는 장점은 분명하고 강력하다.

- **주도적인 하루의 시작:** 모두가 잠든 고요한 아침, 명상이나 운동, 독서 등으로 하루를 시작하며 높은 성취감을 느낄 수 있다.

- **사회적 리듬과의 조화:** 대부분의 회사, 학교 등 사회 시스템이 아침형에 맞춰져 있어 일정 조율이 쉽고, 오전에 중요한 업무를 처리하며 높은

생산성을 발휘하기 유리하다.

- **안정적인 생활 루틴:** 일찍 자고 일찍 일어나는 습관은 신체 호르몬 분비를 안정시키고, 규칙적인 생활 패턴을 만드는 데 도움이 된다.

반면, 사회적 스포트라이트에서 살짝 벗어나 있지만 저녁형 인간 역시 그들만의 강력한 무기를 가지고 있다.

- **창의성의 시간:** 조용한 밤, 외부의 방해 요소가 사라진 시간에 복잡한 문제를 해결하거나 새로운 아이디어를 떠올리는 데 유리하다.

- **깊은 집중력과 몰입:** 주변이 고요한 심야에 놀라운 집중력을 발휘하며, 시간 제약 없이 프로젝트에 깊이 몰입할 수 있다.

- **자율적인 시간 관리:** 남들이 잠든 시간을 오롯이 자신만의 시간으로 활용하며 자기계발이나 스트레스 조절에 강점을 보인다.

## '포기'가 아닌 '선택', 나를 존중하는 용기

이제 나는 맞지 않는 옷을 입고 가장 어색한 아침을 맞이하는 것보다는 오늘도 밤에 늦게 자서 일찍 일어나지 않아도 되는 아침이 기다리고 있음을 받아들였다.

과거에는 아침에 일찍 일어나는 방법이라고 검색을 했다면 이제는 수면의 질을 높이는 방법, 저녁형 인간으로 사는 방법을 찾게 된다.

가장 중요한 것은 저녁형 인간이든 아침형 인간이든 나에게 맞는 잠과 그만둠의 방식을 찾는 것은 자신을 존중하겠다는 태도다. 스트레스로부터 자신을 보호하고 자기만의 리듬에 따라 충전의 시간을 가지는 것이 먼저다. 하루의 시작과 마지막을 자책하지 않기로 한다. 어떤 패턴이든 '나에게 맞는 리듬'을 찾는 것이 중요하다.

## 2장

# 놓쳐야 비로소 얻는 나만의 시간

,

아, 맞다! 얼마 전 중요한 정보를 얻을 수 있었던 어떤 기회나 활동이 있었다. 다른 사람들이 바쁘게 참여하는 모습을 보며 나도 서둘러야겠다고 생각했지만, 어쩌다 보니 그만 그 타이밍을 놓쳐버렸다. '분명 거기서 뭔가 중요한 것을 배울 수 있었을 텐데…' 하는 아쉬움에 마음이 영 불편했다. 그때마다 '나만 세상의 흐름에서 뒤처지는 건 아닐까?' 하는 불안감이 스멀스멀 올라왔다.

과거에는 이런 불안한 마음을 잠재우기 위해 무척 애썼다. '낮에 열심히 일했으니 밤에는 어떻게든 놀아야지!'하는 마음으로, 급히 사람들을 찾아 만나곤 했다. 그러다 밤늦게까지 신나게 이야기하며 목소리를 쓰고 나면 다음 날은 꼭 탈이 났다. 목소리가 쉬는 건 기본이고, 심하면 성대 결절이 오기도 했다. 에너지가 완전히 바닥나 하루 종일 침대에서 헤어나오지 못하곤 했다. 하루 24시간이라는 한정된 시간 안에 못다 한 것을 기어코 채워 넣으려 했던 나만의 아주 비효율적인 시간 관리법이었다. 불과 몇 년 전 나의 모습이 바로 그랬다.

## 놓치지 않기 위한 질주

앞에서 잠깐 아침형·저녁형 인간에 대한 이야기를 하며 자신에게 맞는 리듬이 중요하다고 했다. 이제 시간관리에 대한 부분을 이야기하려고 한다. 꼼꼼한 시간표를 의미하는 것이 아니다. 오히려 그 반대다. 바로 '놓치는 것이 있어야 한다'는 것을 강조하고 싶다.

생각해보면 내 머릿속엔 늘 '놓치는 것이 없어야 한다'는 강박이 가득했다. 그래서 무언가를 지나쳐버린 날에는 어김없이 후회라는 감정이 찾아왔다. 물론 단순히 깜빡하는 것과 '놓치는 것이 있어야 한다'는 개념은 조금 다르다.

어떤 목표를 세우고 일을 하거나 순서를 정할 때, 중요한 것을 깜빡해서 난처할 때가 있다. 나는 이런 상황에서 중요한 사실 하나를 깨달았다. 우리가 무언가를 '놓쳤다'고 생각할 때, 그것을 단순히 지나쳐 버린 것이 아니라 '어떤 기회에서 나만 빠졌거나 제외되었다'고 여기는 경향이 있다는 점이다.

## FOMO와 JOMO: 놓침에 대한 두 가지 시선

　이렇게 우리가 무엇인가를 놓쳤을 때 느끼는 불안하고 아쉬운 마음은 바로 FOMO<sub>Fear Of Missing Out</sub>, 즉 '놓치는 것에 대한 두려움'이라는 개념으로 설명된다. FOMO는 사람들이 경험할 수 있는 모든 기회를 잡고 모든 것을 소유하려는 강한 욕구로 이어진다. 그러므로 '놓치는 것'의 진정한 반대말은 '모든 것을 다 하려는 것', '모든 기회를 다 잡으려는 것', 또는 '모든 것을 다 경험하려는 것'이라고 볼 수 있다. 특정 모임이나 활동에서 빠지거나 제외되는 것이 '놓치는 것'이라면, 그 반대는 적극적으로 참여하거나 함께 어울리는 모습일 것이다.

　하지만 세상에는 FOMO와 정반대되는 놀랍도록 해방감을 주는 개념이 있다. 바로 JOMO<sub>Joy Of Missing Out</sub>이다. JOMO는 남들의 시선이나 사회적 기대에 휩쓸리지 않고 의식적으로 어떤 것을 '놓치는'데서 오는 기쁨과 평온함을 의미한다. 모든 것을 다 가지려 애쓰기보다 불필요한 것들로부터 자유로워질 때 비로소 얻게 되는 진정한 나만의 시간을 소중히 여기는 태도이다. 처음에는 익숙하지 않고 어쩌면 '내가 뒤처지는 건 아닐까?'하는 걱정이 들 수도 있다. 하지만 놀랍게도, 때로는 무언가를 놓치는 것이 오히려 자신에게 더 좋은 영향을 줄 때도 있다.

## 놓침의 재발견

즉, 나는 무언가를 놓치고 나서야 비로소 내가 내 삶의 주인으로서 얼마나 내 자신에게 집중하고 있었는지를 깨닫게 되었다. 일상에서 진짜 중요하다고 생각하는 가치가 무엇인지도 더욱 확실해진다. 이제는 '놓치는 것도 있어야 한다'는 것을 '배제되거나 아웃사이더가 된다'는 의미로 받아들이지 않는다. 오히려 그 '놓침'을 통해 진짜 중요한 것을 놓치지 않을 수 있었던 것이다.

최적의 시간관리란 가치의 우선순위라고 생각해보면 된다. 별로 원치 않는 회식이나 의무감으로 나가야 했던 친목 모임에 '컨디션이 안 좋다'는 핑계로 불참했던 순간들이 있었다고 치자. 그 순간 죄책감이나 아쉬움을 느꼈을지도 모른다. 하지만 그렇게 비워진 저녁 시간에는 뜨거운 물에 몸을 담그거나 좋아하는 책을 읽는다. 때로는 아무것도 하지 않고 조용히 음악을 듣기도 한다. 이렇게 온전히 혼자만의 시간을 보내면서 우리는 진정한 휴식을 얻고, 그동안 잊고 지냈던 자신과 마주하는 소중한 경험을 하게 된다. 바로 '나'에게 온전히 집중하며 얻는 진정한 재충전의 기회이다. 타인의 시선과 외부의 기대에서 벗어나 온전히 나를 위한 시간을 가짐으로써 우리는 다음 날을 위한 에너지를 얻고 더 건강한 마음으로 일상에 임할 수 있게 된다.

**3 장**

# 나만의 '멈춤' 루틴, 실천가이드

,

## 여행 후에도 남는 공허함의 정체

마음은 분주한데, 몸은 어떻게든 쉰다는 명목하에 여기저기를 들르며 '여행'이라는 단어를 붙였던 적이 있다. 결국 어딜 다녀왔다는 것을 인증이라도 하듯이 다니다 보니, 몸은 새로운 곳을 다녀왔지만 뒤돌아서 오면 공허함이 오곤 했다.

그런데 진짜 '쉼'은 거창하거나 드라마틱할 필요가 없다. 오히려 바쁜 일상 한가운데에 아주 잠깐 나에게 집중하는 시간 그 소소한 멈춤이 내 삶에 큰 에너지를 되돌려주기 때문이다.

오히려 바쁜 일상 한가운데서 아주 잠깐, 나에게 온전히 집중하는 시간,

그 소소한 '멈춤'이 바로 우리 삶에 지친 에너지를 다시 채워줄 수 있는 방법이 될 수 있다.

## '멈춤'이 내 마음과 에너지에 주는 힘

멈춤이란 단순히 멍하니 있는 시간이 아니다. 지금 이 순간 내 감정과 상태에 주의를 기울이고 곧장 반응하거나 달려가지 않고 선택적으로 '자기 자신에게 귀 기울이는' 시간이다.

심리학자 빅터 프랭클은 "자극과 반응 사이에는 공간이 있다. 그 공간에는 우리가 어떤 반응을 택할지 결정할 자유가 있다."고 했다. 이 일시 정지의 '공간' 덕분에 우리는 부정적 감정에 끌려가지 않고 자기비판에서 벗어날 수 있는 틈을 갖게 된다. 우리는 몸은 아무 생각도 안하고 싶다고 하지만 계속 올라올 때가 많다. 방문을 닫고 방에 들어가는 순간까지 머리를 비운다고 하지만 짊어진 채 하나가 되어 눕기도 한다.

## 일상 속 작은 습관이 주는 힐링

남편은 하루를 마치고 늦은 밤, 방으로 들어가 영화를 보며 간식을 먹는 시간을 즐긴다. 신혼 초에는 이해하지 못했지만, 곧 그 시간이 반복되는 일상 속에서 자신을 돌보는 소중한 방식임을 깨달았다.

나 또한 글을 쓰다 잠시 멈추거나 아이 등원 후 문득 스치는 생각들을 키워드로 적어둔다. 때로는 이 기록을 다시 꺼내어 그때의 감정을 되짚거나 블로그에 올리기도 한다. 이 짧은 몰입의 시간이 바로 나에게 내면의 힐링을 선물한다.

이처럼 자신을 돌보는 방식은 사람마다 다르다. 글쓰기, 사진 찍기, 대화, 산책 등 자신만의 방법으로 잠시 멈춤의 의미를 찾아간다. 가장 중요한 점은 이 모든 시간이 오롯이 자신만을 위한 시간이라는 것이다.

## 힐링의 순간을 남기는 법 - 스몰 기록법

기록은 자신과 대화를 시작하기 위한 좋은 방법이다. 하지만 처음부터 매일 완벽하게 쓰기란 쉽지 않다. 손이 잘 움직이지 않는 날도 있고, 마음이 복잡하게 엉켜 있는 날도 있다. 이럴 땐 완벽하게 기록해야 한다는 부담을 내려놓는다. 그저 잠시 멈춰 자신에게 휴식 시간을 주는 것부터 시작하면 된다.

나의 경우는 일을 마치고 차 안에서 보내는 5분이 달콤한 시간이다. 잠시 앉아 그날 하루를 한 줄로 기록하며 작은 힐링을 얻는다. 공원을 걷다 벤치에 앉아 떠오르는 생각을 적기도 한다. 혹은 아름다운 풍경 속에서 발견한 한 줄의 깨달음을 남기기도 한다. 이처럼 하루를 마무리하며 내가 남겼던 소소한 기록들이 나를 다독이는 순간들이 된다.

## 나에게 맞는 작은 멈춤 만들기

'멈춤'은 꼭 명상이나 특정한 시간에만 가능한 게 아니다. 각자의 상황과 기질에 맞게, 일상 속 '습관'으로 만들어 넣으면 된다. 중요한 건 얼마나 오래 하느냐가 아니라, '내 삶에 맞게', '의식적으로' 그 시간을 나를 위해 할당하는 것이다.

> **실천 멈춤 루틴 아이디어**
>
> ✓ 하루 중 아무 때나 5분 산책, 잠시 바깥공기 맡기
> ✓ 차나 커피 한 잔을 천천히 음미하며 온전히 그 맛과 향에 집중하기
> ✓ 오늘 드는 느낌, 기억, 생각을 한 줄로 기록해보기
> ✓ 업무·육아 틈틈이 자리에 앉아 3~5회 심호흡만 해보기
> ✓ 창밖 풍경 관찰, 좋아하는 음악 듣기, 식물을 바라보는 등 감각 깨어내기

실제 활용 사례로 한 직장인은 퇴근하고 차 안에서 10분간 휴대폰도 꺼둔 채 멍때리다 보면 그날의 스트레스를 내려놓고 집에 들어갈 수 있다고 한다. 회사에서 매일 '멈춤'은 꼭 명상이나 특정한 시간에만 가능한 게 아니다. 각자의 상황과 기질에 맞게, 일상 속 '습관'으로 만들어 넣으면 된다. 중요한 건 얼마나 오래 하느냐가 아니라, '내 삶에 맞게', '의식적으로' 그 시간을 나를 위해 할당하는 것이다. 점심 후 팀원끼리 3분씩 산책하는 팀은 다른 팀에 비해 회의 때 집중력도 팀원 간 관계도 훨씬 부드럽다는 피드백을 받

앉다. 육아로 분주한 부모는 아이 등원 후 5분간 조용히 창밖을 바라보며 오늘 할 일 리스트가 아니라 '오늘 내 상태'를 먼저 관찰하고 한 줄 정도 적어본다고 한다.

이런 작은 루틴은 꾸준히 이어질수록 남의 시선이나 외부의 요구가 아닌 내가 삶의 주도권을 쥐는 느낌을 받게 된다. 하루의 속도를 조절할 수 있게 하며 에너지를 다시 되돌려주기에 충분하다. 진짜 변화는 거창한 계획이나 극적인 전환에서 시작되지 않는다. 오히려 일상 속 아주 작은 '멈춤'의 순간들이 쌓여서 우리 삶의 질을 바꿔나간다. 오늘부터 당신만의 작은 멈춤을 시작해보는 것은 어떨까.

,

## 힐링 노트

하루동안 의도적으로 멈춰서 채워보는 나만의 힐링기록이에요. 짧은 한 줄도 좋아요. 온전함을 느껴보세요.

---

( # 꿉꿉한 공기 속에서도 느껴진 아카시아 향 )

✓ 아이 등원 후 카페 창가
✓ 지친 마음이 조금은 가벼워졌다.

( # 내 안의 불안을 마주한 5분 )

✓ 운동 후 공원 벤치 위
✓ 평범한 일상 속의 소중함을 다시 발견한다.

---

✓ **오늘의 멈춤 키워드 한 줄**
오늘 나에게 가장 인상 깊었던 감정, 생각, 순간을 짧은 단어나 한 줄 문장으로 담아보세요.

✓ **언제, 어디서 일어난 '멈춤'이었나요?**
구체적인 장소나 상황을 기록해 보세요.

✓ **'멈춤'이 내게 준 것 (느낌/깨달음)**
이 잠깐의 멈춤이 나에게 어떤 느낌이나 생각의 변화를 주었나요?

Today : _____ · _____ · _____   (Date : _____)

# 

✓ .....
✓ .....

# 

✓ .....
✓ .....

# 

✓ .....
✓ .....

# 

✓ .....
✓ .....

Today : _____ · _____ · _____   (Date : _____ )

# 

✓ ....................................................
✓ ....................................................

# 

✓ ....................................................
✓ ....................................................

# 

✓ ....................................................
✓ ....................................................

# 

✓ ....................................................
✓ ....................................................

**4장**

# 자기 회복의 중요성

,

긍정심리학에서는 '자기회복Self-recovery'의 중요성을 언급하며 일상의 작은 활동이 우리의 정서적 웰빙에 큰 영향을 미친다고 강조한다. 이는 단순히 휴식의 개념을 넘어 우리가 삶 속에서 균형을 찾고 더 나은 선택을 하게 만드는 힘을 제공한다고 한다. 산책, 호흡, 간단한 대화 등 이런 소소한 일들이 삶의 방향을 바로잡는 계기로 작용한다.

## 잠시 멈춤이 필요한 순간, 내면과의 대화 시작하기

우리는 모두 지나치게 빠르게 살아간다. 일과를 처리하고, 계획을 세우고, 실수를 만회하기 위해 숨 가쁘게 움직인다. 이럴 때 잠시 멈추는 것은 단순한 행위 그 이상이다. 그것은 나 자신에게 질문을 던지는 중요한 시간이다.

**첫째,** 현재 상태를 인식하는 질문 던지기
'지금, 나에게 가장 필요한 것은 무엇인가?'라는 질문을 통해 자신의 현재 감정, 신체 상태, 욕구를 파악해 보세요. 정답이 없으니 편안하게 떠오르는 것을 받아들이는 것이 중요합니다.

- 예 1. "아, 지금 너무 피곤해서 잠시 눈을 감고 싶다."
- 예 2. "머리가 복잡한데 잠시 아무 생각 없이 걷고 싶네."
- 예 3. "배고픔보다는 답답함이 더 큰 것 같아. 잠시 환기를 시켜야겠어."

**둘째,** 감사할 수 있는 작은 것을 발견하는 시간
일상 속에서 당연하게 여겼던 작은 것들, 예를 들어 따뜻한 커피 한 잔, 창밖의 햇살, 좋아하는 음악 등 사소한 것에서 감사함을 찾아보세요. 감사의 감정은 긍정적인 에너지를 불러옵니다.

- 예 1. "오늘 아침, 햇살이 참 좋아서 기분이 상쾌하네."
- 예 2. "이 커피 한 잔이 주는 따뜻함 덕분에 잠시 숨 돌릴 수 있어 감사하다."
- 예 3. "옆자리 동료가 건넨 따뜻한 말 한마디가 위로가 되었어."

셋째, 미래를 위한 긍정적인 연결고리 만들기

오늘 이 짧은 멈춤이 내일을 어떻게 더 나아지게 할 수 있을지 상상해 보세요. 거창한 계획이 아니라, 작은 다짐이나 긍정적인 기대를 심어주는 것이 중요합니다.

- 예 1. "지금 이 10분의 명상이 내일 아침을 더 개운하게 만들어 줄 거야."
- 예 2. "잠시 걷는 이 시간이 내일의 복잡한 문제 해결에 도움이 될 영감을 줄지도 몰라."
- 예 3. "오늘 기록한 이 감정들이 내일 더 나은 선택을 하는 데 밑거름이 될 거야."

잠깐 멈추어 숨을 고르고, 주변을 돌아보는 것은 큰 시작이다. 그것이 기록이든, 사진이든, 대화든 당신만의 방식으로 실천해보는 것이다. 중요한 것은 그 순간이 나를 위한 시간이라는 점이다. 삶이 빠르게 흘러가더라도 잠시 멈추고 느낄 수 있는 여유를 가지는 것이 중요하다.

**5장**

# 마음의 여유를 찾는 연습

,

## 작은 시작, 큰 변화

커피포트에 물이 다 끓기도 전에 성급하게 스위치를 끈다. 채 30초도 되지 않는 그 시간을 기다리지 못하고, 덜 끓은 물을 잔에 붓기 바쁘다. 이러한 조급함은 일상 곳곳에 배어있다. 바삐 움직이는 와중에 한 손으로는 요리를 하고 다른 한 손으로는 핸드폰을 확인한다. 무엇 하나 온전히 집중하지 못하고 늘 다음 일을 서두른다.

인생에 한 번에 하나씩 하는 게 어딨어? 한 번에 열두 가지도 모자란 판국에! 가뜩이나 프리랜서 강사라면 일하다가 전화받다가 아이 병원 뛰어다

니는 것은 당연한 것 아닌가? 이것도 하고 저것도 해야 해! 나는 할 일이 많아! 그러면 그럴수록 말끝은 언제나 할 게 많아!라고 외치고 있었다.

## 결정 피로와 자신에 대한 두려움

다중 작업을 한 날은 유독 아무것도 머릿속에 남지 않고 육체적인 피로도가 높았다. 지나고 나면 굳이 그렇게 해야 할 일도 아니었다는 생각에 허탈하기까지 했다.

여러 작업을 동시에 처리하려고 하면 뇌가 계속해서 전환해야 하므로 인지적 부담이 커진다. 이로 인해 피로감이 누적되고 집중력이 떨어질 수밖에 없는 것이다.

여러 가지 작업을 동시에 고려하다 보면 매 순간 선택해야 하는 일이 많아져 결정을 내리는 데 어려움을 겪게 된다. 결정 피로도가 높아서 결국 아무것도 하지 못하는 상황에 이르게 된다. 실패에 대한 두려움이나 자신이 필요 없는 존재가 되는 것에 대한 두려움 때문에, 여러 일을 동시에 하며 자신을 과중하게 만들고 있는 나를 발견했다. '나는 계속해서 일해야만 해'라는 생각만 들었다.

## 의식적인 훈련의 필요성

바쁜 일상 속에서 문득 의식적인 훈련이 필요하다는 것을 깨달았다. 이

훈련은 그냥 흘러가는 대로 사는 것이 아니다. 내가 의도적으로 나 자신을 다스리는 연습이었다. 상황이 어떻게 변하든, 가장 중요한 것은 단 한 가지에 온전히 집중하는 것이다.

밥을 먹으면서 핸드폰을 보고, 동시에 여러 일을 하는 습관은 사실 아무런 의미 없는 행동에 지나지 않았다. 그래서 나는 사소한 일부터 '한 번에 하나씩!'이라는 혼잣말을 습관처럼 되뇌기 시작했다. 이 작은 변화는 단순히 일을 더 잘하는 것만을 의미하지 않았다. 한 번에 한 가지에 집중하면서, 나는 진정한 여유와 만족감을 얻게 되었다.

# 6장
# 일상 속 '몰입' 경험하기

,

## 가면증후군: 스스로를 가짜로 느끼는 마음

우리는 여러 개의 가면을 썼다 벗었다 하고 있다. '가면증후군 Imposter Syndrome'은 자신이 이룬 성과나 성공을 온전히 자신의 능력으로 인정하지 못하고, 마치 가면을 쓴 듯 스스로를 과대평가받고 있다 여기는 심리현상이다. 겉으로는 성공한 것처럼 보이지만 내면으로는 '나는 여기에 속할 자격이 없다', '언젠가 나의 부족함이 드러날 것이다'라는 불안감에 시달리는 것이다. 높은 직급에 올랐음에도 '운이 좋았을 뿐', '언젠가 들통날 것이다'라며 불안해하는 직장인, 타고난 재능이 있음에도 자신의 능력을 깎아내리며 '칭찬받을 자격이 없다'고 생각하는 학생들, 육아와 살림을 완벽하게 해내면서도 '나는 엄마 자격이 부족하다'고 자책하는 부모의 모습 등이 바로 여기에 해당한다. 이들은 끊임없이 스스로를 의심하고, 평가절하하며 자신의 진정한 감정과 욕구를 숨긴 채 살아가고 있다.

## 형식적인 연결 vs 온전한 몰입

평소에 좋아했던 취미 또는 모임을 한 번 떠올려보라! 다같이 동창회를 한다고 해서 자극이 되어 나갔는데 좀처럼 연결되지 못함을 느낀 적이 있는가? 표면적 연결인지 몰입한 척인지 온전한 몰입인지에 따라서 그 안에 나의 몰입의 격차는 벌어진다. 즉 몸은 가 있으나 생각은 딴 데 가 있는 것과 다를 바가 없다. 스스로 좋아하는 운동을 만들어야겠다는 마음만으로 매일매일 도장은 찍지만 대충 하는 척만 하고 오게 된다면 그것은 표면상 하는 척인 것이지 진짜 하고싶었던 것이 아닌 것이다.

행복의 반대는 불행이 아니라, 진짜 나와 마주하지 못한 상태다. 진정한 나는 무엇을 원하는가? 내 삶에 몰입되어 있는가?
많은 사람은 자신에게 온전한 행복감을 부끄러워하며 숨긴다. "난 이미 행복한데 더 행복해지고 싶다고 말하면 이상하지 않을까?"라고 말하며, 진짜 하고 싶은 것을 외면한다. 하지만 진정한 몰입은 주변의 시선을 넘어, 자신의 기쁨과 열정을 찾는 것에서 시작된다.

행복을 찾는 시점은 나이와 상관없다. 지금이 20대 건, 30대 건, 40대 건 중요하지 않다.

우리가 어떤 나이에 있든, 가장 중요한 것은 나 자신에게 온전한 삶을 살아갈 용기를 가지는 것이다. 나를 숨기는 가면을 내려놓는 것이 먼저다. 가짜의 삶은 내가 지켜야 할 것이 많을수록 깊이 자리 잡는다. 하지만 진정한 열정을 찾기 위해 주변의 시선을 내려놓아야 한다.

행복은 상황이 아닌 연결에서 온다. 형식적인 모임이나 대화는 심리적 연결을 가져오지 못한다. 내가 진짜 몰입되는 경험 속에서 나 자신과 연결될 때, 비로소 행복은 찾아온다.

## 몰입 노트

아래 질문들은 깊은 '오늘'의 나를 가볍게 돌아보고 일상 속에서 온전하게 집중하는 시간을 조금씩 더해나갈 수 있도록 만들었어요. 이 노트를 통해 여러분의 소중한 순간들을 기록하며 진정한 몰입을 경험해 보세요!

---

✓ 오늘 시간 가는 줄 몰랐던 순간이 있었나요?   YES ☐   NO ☐

✓ 있었다면, 무엇을 할 때였나요?

......................................................................................................

......................................................................................................

✓ 내일 몰입을 한 번 더 경험하려면 어떤 활동이 좋을까요?

......................................................................................................

......................................................................................................

......................................................................................................

**7 장**

# 나를 돌보는 최소한의 루틴

,

## 나를 돌보는 최소한의 루틴 만들기

몸을 돌보는 일은 우리가 일상을 잘 살아가는 데 가장 중요하고 기본이 된다. 이것을 '감각 돌봄'이라고 부른다. 누구나 한계에 부딪히는 순간은 생리적인 욕구와 충돌될 때다. 배고플 때, 졸릴 때 가장 크게 부정성이 드러나게 된다. 몸이 너무 힘들면 누가 건드리기만 해도 예민해지고 객관적으로 상황을 받아들일 수 있는 힘이 한정적이기 때문이다.

피로감이나 에너지 고갈 등 몸이 보내는 미세한 신호들을 무시하지 않고 받아들이는 것이 중요하다. 충분한 휴식과 영양 섭취를 통해 몸의 회복을 도울 수 있어야 한다. 한 번에 모든 것을 완벽하게 이루려 하지 않고, 점진적으로 목표를 향해 나아가면서 유연하게 조정할 필요도 있다. 지금 필요한 에너지와 시간을 재조정해보는 것을 통해 하루 한 끼에 대한 부담감보다는 할 수 있는 만큼만 하는 것으로 대체하는 것이 필요하다.

## 나를 돌보는 최소한의 루틴을 위한 제안

물리적 한계는 마음먹기에 달린 것이 아니라 그 한계를 인정하고 덜어내는 방법을 찾는 것이 해결책이다. 일상 중에서 한 번씩 해볼 수 있는 감각 질문들을 통해서 미리 예방할 수도 있다. 최소한의 루틴을 제안해본다.

✓ **잠시 멈춰 서기** Pause & Reflect

바쁜 와중에도 의식적으로 몇 분이라도 멈춰서 자신의 몸과 마음 상태를 점검하는 시간을 가진다. '지금 내 몸이 편안한가?', '피곤한가?', '목마른가?', '어깨가 뭉쳤는가?'와 같이 구체적인 질문을 스스로에게 던져 본다.

✓ **가장 기본적인 욕구 충족하기**

배고픔, 졸림, 갈증 등 몸이 보내는 가장 원초적인 신호에 즉각적으로 반응한다. 잠이 오면 잠시 눈을 붙이고, 배고프면 간단한 에너지바라도 챙겨 먹는 등 기본적인 욕구부터 충족시켜준다.

✓ '덜어내기'의 기술 연습

완벽하게 해내려던 목표의 기준을 낮춰본다. '모든 것을 내가 해야 한다'는 부담감에서 벗어나, 주변의 도움을 요청하거나, 일을 위임하거나, 때로는 '하지 않는 것'을 선택하는 용기를 낸다.

✓ 자신에게 친절한 언어 사용하기

지치고 힘들 때 자신을 비난하기보다는, '괜찮아, 고생했어'와 같이 따뜻한 자기 대화를 시도한다.

✓ 작은 보상과 회복의 시간

힘들 때는 의도적으로 자신에게 작은 보상이나 회복의 시간을 선물한다.

## 내 몸이 보내는 신호 체크 노트

우리 몸은 끊임없이 우리에게 중요한 신호들을 보내고 있어요. 무심코 지나치기 쉬운 작은 신호들을 미리 알아차리고, 우리 자신을 돌보는 최소한의 루틴을 지금 바로 시작해보세요.

**수면**
밤에 잠들기 어렵거나, 자주 깨거나, 아침에 일어나도 개운하지 않은가?   Yes ☐  No ☐

**피로**
충분히 쉬어도 몸이 계속 무겁고 만성적인 피로감을 느끼는가?   Yes ☐  No ☐

**감정**
사소한 일에도 쉽게 짜증이 나거나 화가 나고, 감정 기복이 심해졌는가?   Yes ☐  No ☐

**식욕**
갑자기 과식하거나 반대로 식욕이 없어지는 등 식습관에 변화가 있는가?   Yes ☐  No ☐

**소화**
자주 속이 불편하거나, 더부룩하고, 변비나 설사가 잦은가?   Yes ☐  No ☐

**통증**
특별한 이유 없이 어깨, 목, 허리 등 특정 부위가 지속적으로 아픈가?   Yes ☐  No ☐

**집중력**
하던 일이나 공부에 집중하기 어렵고, 건망증이 심해졌는가?   Yes ☐  No ☐

**흥미**
예전에는 즐거웠던 취미나 활동에 더 이상 흥미를 느끼지 못하는가?   Yes ☐  No ☐

구체적으로 실천할 내용

,

✓ **충분한 수면**

   Daily Practice : ........................................................

   Weekly Action : ........................................................

✓ **영양보충**

   Daily Practice : ........................................................

   Weekly Action : ........................................................

✓ **가벼운 스트레칭**

   Daily Practice : ........................................................

   Weekly Action : ........................................................

✓ **짧은 휴식 시간 확보**

   Daily Practice : ........................................................

   Weekly Action : ........................................................

✓ **불필요한 과부하 줄이기**

   Daily Practice : ........................................................

   Weekly Action : ........................................................

5부

## 멈춤으로 관계 단단하게 만들기

관계 맺기 및 소통

# 1장

## 에너지를 지키는 관계 재설정

,

### 왜 우리는 소모적인 대화에 빠져들까?

　대화를 나눌수록 특별한 용건도 없이 부정적인 이야기만 반복되어 마음 한구석에 찝찝함이 남을 때가 있다. 우리는 비즈니스 관계처럼 분명한 목적이 있는 대화가 아니더라도, 그저 시시콜콜한 수다를 떠는 것만으로도 관계가 안전하다고 느끼곤 한다. 즉, 의미 없는 이야기를 나눠도 괜찮다고 생각하는 것이다.

　하지만 문제는 이러한 대화가 계속될수록 점점 에너지가 소모된다고 느끼는 순간이 찾아온다는 점이다. 바로 이 순간이 무척 중요하다. 이는 우리가 나누는 대화가 단순한 잡담을 넘어, 우리의 감정을 갉아먹는 소모적인 형태로 흘러가고 있다는 분명한 신호이기 때문이다.

사람들이 소모적인 대화에 빠져드는 이유는 복합적이다. 표면적으로는 공감과 연결 내지는 적극적인 동의를 가지는 대화처럼 보이지만 그 기저에는 그럴 수밖에 없는 심리적 요인이 깔려있다.

첫째로는 같은 편이라는 느낌을 받고 싶어서이다. 우리는 누군가와 함께 특정 사람을 욕하거나 불평할 때 왠지 모르게 가까워진다고 느낀다. 같은 적을 만들면 일시적인 친구가 생긴 것 같고 상대방의 부정적인 감정에 동의하면 '나는 네 편이야'하고 공감해 주는 것 같다. 이렇게 다른 사람을 희생양 삼아 다수가 뭉치기도 한다. 예를 들어 직장 동료가 상사에 대해 불평할 때 함께 비난함으로써 서로에게 '같은 처지'라는 유대감을 느끼는 식이다.

둘째, 내 생각만 옳다고 믿는 것과 우월감을 가지고 싶기 때문이다. 한 번 누군가에게 '저 사람 별로야'라는 생각이 들면 우리 뇌는 그 사람의 나쁜 점만 찾아내려 한다. 이미 결론을 정해놓고 그에 맞는 증거만 모으는 것과 같다. 이걸 '확증 편향'이라고 하는데, 소모적인 대화는 이런 나쁜 버릇을 더 강하게 만든다. 관계에서 미리부터 벽을 치는 근거 없는 가설로 하여금 자연스러운 만남에서조차 의식하며 어려움을 겪곤 했었다. 또한 '내가 옳다'라는 생각이나 입장을 고수하고 싶은 마음이 빈번하게 있었다. '그 마음을 들여다보니 나는 저러지 않지!', '나는 저런 실수를 안하지!'와 같이 더 우월하다고 느끼고 싶었던 것이다. 자존감이 낮거나 불안감이 있을 때는 더 강하게 그렇게 생각하게 된다.

셋째로는 정보 공유를 가장한 겉핥기식의 대화 때문이다. 때로는 '정보 공유'라는 명목으로 소모적인 대화가 시작되기도 한다. "누가 이랬다더라", "어떤 일이 벌어졌다더라"하는 이야기들이 점점 개인적인 판단과 비난으로 변질되는 것이다. 처음에는 그냥 있었던 일을 말하는 것처럼 보이지만 결국은 다른 사람을 평가하고 험담하는 쪽으로 흘러간다.

넷째로는 감정 배설의 통로라고 인식하기 때문이다. 안 좋은 감정을 해소하고 싶을 때, 특정 사람이나 상황에 대해 불평이나 불만을 쏟아내면서 속 시원함을 느끼는 경우도 있다. 이건 마치 내 부정적인 감정을 상대방에게 쓰레기통처럼 던져버리는 것과 같다. 문제는 이런 감정 풀이가 한 번으로 끝나지 않고 계속 반복되면서 관계를 지치게 만든다는 점이다.

## 소모적이지 않은 대화: 에너지를 채우는 연결

그렇다면 어떻게 해야 소모적인 대화를 멈추고 에너지를 채우는 대화를 할 수 있을까? 이는 대화의 목적과 방향을 재설정하는 것에서 시작한다.

✓ '공감'과 '동조'의 구분

상대방의 어려움에 공감하는 것은 중요하다. "그랬구나, 힘들었겠다"와 같이 감정을 이해해주는 것은 필요하다. 하지만 그것이 상대방의 부정적인 감정에 무조건 동조하여 함께 비난하는 것과는 다르다. 긍정심리학자들은 '진정한 공감은 상대방의 감정에 빠져들지 않으면서 그들의 감정을 이해하는 것'이라고 말한다. 비난 대신 '나는 네 감정을 이해하지만 네가 이런 상황을 어떻게 헤쳐나갈지 고민해 보자'는 식으로 대화의 방향을 전환해 보는 것이 좋다.

### ✓ 질문으로 대화 전환하기

상대방이 불평을 시작할 때, 단순히 듣기만 하는 것이 아니라 질문을 통해 대화의 초점을 바꿀 수 있다. 예를 들어, "그래서 어떻게 하고 싶어?", "네가 원하는 결과는 뭐야?", "내가 어떤 도움을 줄 수 있을까?"와 같은 질문은 상대방이 문제 인식에서 벗어나 해결책을 고민하도록 유도한다. 이는 단순히 감정을 쏟아내는 것을 넘어, 생산적인 대화로 나아가는 중요한 전환점이 된다.

### ✓ '대화 중단' 용기

모든 대화에 참여할 의무는 없다. 대화가 소모적으로 흘러간다고 느껴질 때 "나는 이 대화를 계속하고 싶지 않아"라고 명확하게 의사 표현을 하는 용기도 필요하다. 직접적인 거절이 어렵다면, 화제를 바꾸거나 잠시 자리를 피하는 것도 방법이다. 상대방의 부정적인 에너지가 나에게 전염되는 것을 막기 위한 '정서적 거리두기'다. 이는 이기적인 행동이 아니라, 자신의 에너지를 지키고 장기적으로 더 건강한 관계를 유지하기 위한 자기 돌봄의 일환이다.

✓ **긍정적 연결에 집중하기**

소모적이지 않은 대화는 상대방의 긍정적인 면을 발견하고 함께 나누는 것에서 온다. 가십이나 비난 대신 서로의 성장, 배움, 좋은 경험 등을 공유하는 데 집중한다. "오늘은 어떤 좋은 일이 있었어?", "최근에 뭘 배웠어?", "네가 요즘 제일 기분 좋을 때는 언제야?" 같은 질문을 던지며 긍정적인 감정을 교류한다. 이는 관계의 깊이를 더하고 서로에게 긍정적인 에너지를 주는 생산적인 대화의 토대가 된다.

이처럼 소모적인 관계를 멈추는 것은 단순히 대화를 피하는 것이 아니다. 그것은 대화의 질을 높이고 자신의 에너지를 지키며 더욱 건강하고 생산적인 관계를 만들어가는 적극적인 과정이다. 여러분의 대화는 지금 어떤 에너지를 품고 있는지에 대해 돌아보는 것이 필요하다.

## 2장

## 필요한 경계 만드는 법

,

### 보이지 않는 압박, 나를 갉아먹는 관계

관계를 더 건강하게 만드는 작은 실천은 바로 경계를 세우는 것이다.

무조건 'YES'만을 외쳤던 지난날들이 지금 와서 후회가 되는 분의 이야기다. 오랜 기간 박사과정을 마치고 꽤나 자신의 분야에서 전문성을 쌓은 분이 있었다. 이직을 위해 한두 번 탈락했을 뿐인데도 낙담과 함께 얼굴에 그늘과 수심이 가득했다. 그때마다 멘탈은 흔들렸고 어떻게 가야할지 모르겠다며 힘들어했다. 그때까진 몰랐다. 어려서부터 부모님의 말을 거절해본 적이 없고 스스로 선택한 것이 없다고 한다. 그때부터 잘나가는 모습보단 만족스럽지 않은 결과들을 내비치게 되었다고 한다. 자신의 인생을 결정하는 선택의 기로에서 여전히 실패자라는 낙인을 갖게 되다보니 준비하는 내내 자신감이 더 떨어진다고 했다. 나아가 주변에 잘되는 사람들을 보면 관계맺기가 힘들고 도대체 이해할 수 없는 질투심만 불타오른다고 했다. 점점 자신의 삶에 대한 통제력을 잃고 가족 관계 및 외부에서 소외감을 느끼게 되었다는 것이다. 왜 이런 일이 벌어진 것인가?

## 경계란 무엇인가: 나와 타인의 삶을 지키는 선

우리는 종종 관계 속에서 나를 돌보는 것보다 상대방의 요구를 더 중요시하며 살아간다. 그것이 가족이든 친구든 동료든 예외는 없다. 예의를 지키거나 관계를 유지해야 한다는 압박 속에서, 자신의 감정을 무시한 채 타인의 요청을 수용하기도 한다. 하지만 관계를 더 건강하고 오래 지속시키기 위해서는 경계를 세우는 일이 반드시 필요하다.

기시미 이치로의 『미움받을 용기』에서는 "타인의 과제를 내 것으로 받아들이지 않는 것이 경계 설정의 시작이다"라고 말했다, 경계 설정이 개인의 자유와 책임을 구분하는 데 중요하다고 설명한다. 즉, 타인과의 분리를 해야 한다는 것이다.

경계란 단순히 선을 긋는 것이 아니라 서로의 감정을 존중하며 나와 타인의 필요 사이에 균형을 잡는 과정이다. 경계를 세우지 못하면 어떤 일이 벌어질까? 먼저 정서적인 소진이 찾아온다. 타인의 요구를 계속 받아주다

보면 나의 에너지가 바닥나는 순간이 오게 되는 것이다. 또한 명확한 경계 없이 관계를 지속하면 작은 오해들이 쌓여 큰 갈등으로 번질 수 있다. 결국, 자신을 돌보지 못한 채 타인의 요구에만 맞추다 보면 자존감이 흔들리거나 관계가 소원해질 가능성이 커진다.

나에게 도움을 주었다고 생각하는 사람의 부탁에는 밤낮 할 것 없이 가장 먼저 달려가고 연락하며 알아 봐주고 도와주려고 했다. 그때마다 찾아오는 것은 피로감은 물론 모든 시간을 응답하고 할애하는데 시간을 쓴 나머지 관계에서의 주장은 연습할 틈도 없었다. 어디 그뿐이랴? 때론 도움을 원하지도 바라지도 않는 사람에게 그냥 냅다 뛰어 타인은 한걸음 뒷걸음질하게 되었다. 이제는 자신이 스스로 경계를 만들어나가기 위한 기준을 세워나가는 것이 필요하다. 마찬가지로 애써 맞추는 것을 멈춰도 된다는 것이다.

## 건강한 경계를 세우는 5가지 실천 팁

그렇다면 건강한 경계를 세우기 위해선 무엇을 해야 할까? 몇 가지 실천 가능한 팁을 소개한다.

첫째, 자신의 한계와 필요를 스스로 이해하는 것이 중요하다. 내가 무엇을 좋아하고, 무엇이 불편한지 명확히 아는 것이 시작이다. 가령, '나는 혼자만의 시간이 필요하다'는 것을 깨달았다면, 이를 상대에게 솔직히 표현하는 연습이 필요하다. 자신의 감정과 욕구를 기록하며, 이를 통해 경계를 설정할 기준을 만든다.

**둘째,** 명확하고 자신 있게 소통하는 법을 배워야 한다. 경계를 설명할 때는 모호한 표현 대신, 친절하면서도 단호한 어조를 사용하는 것이 효과적이다. 예를 들어, 친구가 반복적으로 개인적인 이야기를 강요할 때 "그 이야기는 나에게 조금 불편해. 다른 이야기를 나누면 좋겠어"라고 말할 수 있다. 이는 상대방에게 내 감정을 존중받고 싶다는 메시지를 분명하게 전달하는 방법이다. 상대방에게 자신의 경계를 설명할 때, 친절하지만 단호한 태도를 유지한다.

**셋째,** 죄책감 없이 '아니오'라고 말하는 연습을 시작해보는 것이다. 종종 우리는 거절을 하면 관계가 나빠질까 두려워 망설인다. 하지만 거절은 이기적인 행동이 아니라, 나와 상대방 모두를 위해 필요한 선택이다. "지금은 도와줄 수 없지만, 다음에 가능할 때 이야기해 줄게"처럼, 상대방을 존중하면서도 나의 한계를 설명하는 방식으로 실천할 수 있다. 거절 후 불필요한 설명을 덧붙이지 않고, 간단히 이유를 전달한다.

**넷째,** 경계를 설정했으면 일관성을 유지하는 것이 중요하다. 한 번 세운 경계를 쉽게 허물어뜨리면, 타인은 이를 가볍게 여길 수 있다. 예컨대, '주말엔 업무 이메일을 확인하지 않는다'는 원칙을 정했으면, 상황에 상관없이 이를 지키는 것이 좋다. 타인이 경계를 시험하려 할 때, 흔들리지 않고 일관된 태도를 유지한다.

마지막으로, 경계 설정에 유연성을 발휘하는 것이다. 모든 상황에서 똑같이 행동할 수는 없다. 때로는 상대방의 상황을 고려해 경계를 조금 조정해야 할 때도 있다. 하지만 그 과정에서도 나의 핵심 필요는 지키는 것이 중요하다. 예를 들어, "이번엔 내가 조금 도와줄게, 하지만 다음부터는 내 일정에 맞게 부탁해줬으면 좋겠어"라는 말을 통해 경계와 유연성을 동시에 표현할 수 있다. 경계를 조정할 때도 자신의 감정을 존중하며, 타인에게 이를 명확히 전달한다.

## 나만의 경계 설정 노트

더 건강한 관계를 만들어가기 위해 가장 먼저 나를 돌아보고 경계를 점검하는 것이 중요해요. 이 노트를 통해 나 자신을 소중히 지키면서 관계를 지혜롭게 돌보는 연습을 함께 시작해보세요.

### I 단계: 나의 경계를 파악하기

✓ 타인과 관계에서 내가 중요하게 생각하는 것은 무엇일까요?

..................................................................................

..................................................................................

✓ 타인과 관계에서 내가 불편하거나 스트레스받는 것은 무엇일까요?

..................................................................................

..................................................................................

✓ 경계를 설정하지 않을 경우 나에게 발생하는 문제는 무엇일까요?

..................................................................................

\# 내가 설정하고 싶은 경계는 무엇인가요? 스스로에게 질문하며 적어보세요.

## II단계: 경계를 표현하는 방법 연습하기

,

✓ **사례 I : 업무 중 지나친 요청을 받을 때**

상황: 동료가 업무 시간을 초과해서 도움을 요청한다.

> 지금은 퇴근 후 시간이어서 제가 도와드리기 어려워요. 업무 시간 내에 다시 이야기해주실 수 있을까요?

✓ **사례 II : 친구가 감정적으로 힘든 이야기를 계속 나눌 때**

상황: 친구가 지나치게 개인적인 이야기를 반복하며 당신의 에너지를 소진한다.

> 네 이야기를 들어주는 건 정말 중요하다고 생각해. 그런데 지금은 내가 조금 힘든 상태라 잠시 쉬고 싶어. 다른 시간에 이야기를 나눌 수 있을까?

✓ **사례 III : 가족이 지나치게 당신의 삶에 간섭할 때**

상황: 가족이 직업 선택이나 개인적인 결정을 강하게 관여한다.

> 엄마/아빠의 조언은 늘 도움이 돼요. 하지만 이번 결정은 제가 혼자 해보고 싶어서 제 의견을 존중해주셨으면 좋겠어요.

## 경계 설정 연습 예시

## 경계 설정의 방법 적어보기

,

_____

`#`

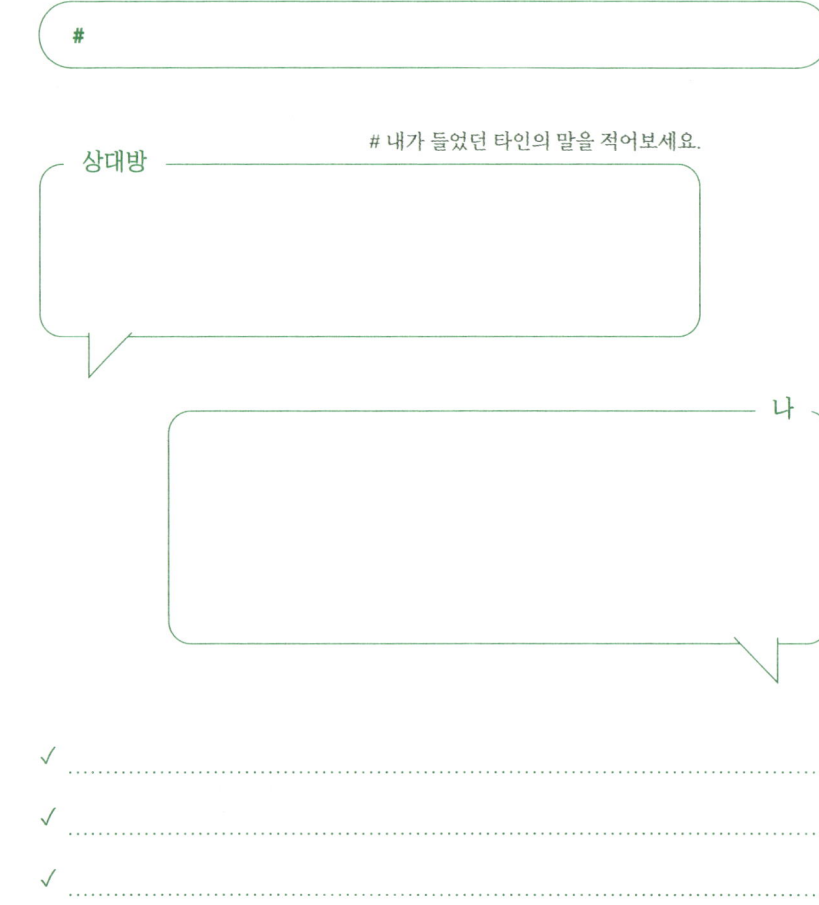

# 내가 들었던 타인의 말을 적어보세요.

상대방

나

✓ ....................................................................
✓ ....................................................................
✓ ....................................................................

**3장**

# 관계 속에서 흔들리는 자존감의 실체

,

## 모두에게 좋은 사람이고 싶었던 흔들림

 누구에게나 '좋은 사람'이 되고 싶었다. 모든 사람들이 나를 좋아했으면 좋겠다. 나 역시 그랬다. 학창 시절부터 '모든 사람에게 인정받아야 한다'는 마음으로 상대방의 시선 하나하나에 민감해졌다. 내 행동, 말투, 표정 하나에 불안이 생겼고 누군가가 나를 싫어할까봐 걱정한 적이 많았다. 좋은 사람이 되려는 착각은 나를 점점 지치게 만들었다. 어느새 내 마음이 감옥이 되어가는 것을 느꼈다. 어릴 적부터 '나는 부족해서 사랑받지 못할지도 모른다'고 스스로를 의심했다. 이런 마음은 인간관계 속 거절이나 외면을 겪을 때마다 더 짙어졌고 어느새 내가 '사랑받지 못하는 사람'이라는 프레임에 갇히게 했다.

사회생활에서도 늘 '외향적이고 붙임성 좋은 사람'이라는 평가를 받았다. 결국 내 가치를 남의 성과나 인정에 맡기는 경우가 많았다. 누군가의 사소한 평가 한마디에 쉽게 무너지곤 했다. 인정받지 못하는 날이면 하루가 너무나 초라하게 느껴지기도 했다. 이렇게 살다 보니 나의 감정은 물론, 삶까지도 자연히 남의 시선에 휘둘릴 수밖에 없었다.

## 자존감 vs 자존심 착각과 진짜 의미

그러면 자존감은 대체 무엇일까? 우리가 흔히 오해하는 지점은 없는지 함께 살펴보자. 자존감은 '자신이 사랑받을 가치 있는 소중한 존재이며, 어떤 어려움도 헤쳐 나갈 유능한 사람'이라고 믿는 마음이다. 이는 내면의 힘과 깊은 관련이 있다.

하지만 많은 사람이 '자존감'과 '자존심'을 혼동하곤 한다. 자존심은 타인의 시선과 비교를 통해 나를 증명하려는 마음이다. 그렇기에 외부 상황에 따라 쉽게 흔들리고 상처받기 쉽다. 반면, 자존감은 외부 평가에 상관없이 나 자신을 있는 그대로 존중하고 사랑하는 내면의 단단함에서 온다. 이는 변치 않는 나 자신의 가치를 아는 것이다.

예전에는 나 역시 자존감과 자존심이 어떻게 다른지 잘 몰랐다. 내가 하는 일을 사랑하고 최고로 여기는 마음이 곧 자존감이라고 착각했다. 스스로 자존감이 높다고 여기며, 혼자만의 착각에 빠져 지내기도 했다. 하지만 이는 사실 자존심에 불과했다.

나는 다른 사람들에게 잘 보이기 위해 끊임없이 노력했다. 내가 하는 일에 대해서는 남편에게 끊임없이 확인을 구했다. 단 하나의 부정적인 피드백에도 하루 전체를 망쳤다고 여겼다. 심지어 내 의견에 반대하는 사람은 나를 사랑하지 않거나 능력이 없다고 쉽게 결론지어 버리기도 했다.

이러한 착각 속에 갇히면서 나 스스로 느끼는 가치는 점점 줄어들었다. 감정 상태도 부정적으로 변하기 시작했다. 이 굴레에서 완전히 벗어나는 데는 꽤 오랜 시간이 걸렸다.

### 낮은 자존감 vs 건강한 자존감 - 삶에 미치는 영향

| 낮은 자존감의 신호 | 건강한 자존감의 모습 |
| --- | --- |
| 자신에게 과하게 엄격하다. | 실수해도 자신을 용서한다. |
| 비판에 민감하게 반응한다. | 타인의 말에도 쉽게 흔들리지 않는다. |
| 타인을 기쁘게 하려 노력한다. | 자기 기준을 세우고 존중한다. |
| 부탁을 거절하지 못하고 끌려다닌다. | 감정을 존중하고 솔직하게 표현한다. |
| 작은 실수, 후회에 오래 집착한다. | 오늘의 소소한 성취를 받아들이고 칭찬한다. |

## 건강한 자존감, 다시 세우는 연습

자존감은 쉽사리 단단해지지 않는다. 내 감정과 생각을 있는 그대로 바라보고 인정하는 것이 그 출발점이었다. 나는 '오늘은 그냥 그런 날'이라고 스스로에게 말하는 연습을 했다. 한 번은 강의 준비가 잘 안돼서 우울했지만, 억지로 '힘내야지!' 하지 않고 '지금은 그냥 지친 상태야'라고 받아들이자 마음이 조금 가벼워졌다.

이렇게 작은 성취 하나마다 구체적으로 나 자신을 칭찬하는 버릇을 들였다. 처음엔 어색했지만 반복할수록 마음에 에너지가 차오르는 걸 느꼈다.

### 오늘의 작은 목표, 나를 칭찬하는 힘—나의 실제 예시

| 오늘의 작은 목표 | 내가 했던 실제 자기 칭찬 |
| --- | --- |
| 아침 일찍 강의안 목차를 잡았다. | "시작이 반, 오늘도 해냈어." |
| 아이와 10분간 눈 맞추며 놀아줬다. | "엄마로서 네가 충분히 노력하고 있다." |
| 피곤했지만 운동 후 샤워했다. | "의지가 약한 줄 알았는데, 꽤 잘하고 있어." |
| 동료의 부탁을 예쁘게 거절했다. | "네 시간도 중요하게 지켜내서 멋졌어." |
| 친구에게 먼저 안부를 물었다. | "작은 용기로 관계의 꽃을 피웠구나." |

## 가까운 관계에서 '자존감'를 지키는 실제 대화

가장 친한 친구와 약속을 잡을 때, 예전에는 상대가 원하면 무조건 상대의 일정에 맞추곤 했다. 이제는 무조건은 없다. 상황에 따라서 이렇게 말한다.

"요즘 너무 지쳐서, 이번 주에는 조금 쉬고 싶어. 다음에 날짜 다시 맞추자."

상대방이 섭섭해 보여도, 결과적으로 내 시간과 마음을 먼저 챙겼더니 오히려 관계가 더 건강해졌다.

이런 작은 실천을 반복하며, 예전보다 내 마음에 여유가 생겼고, 타인에게 휘둘림이 덜해졌다.

### 마음이 힘들 때 실전에서 활용하는 방법

| 상황 | 실제 실천 행동 |
| --- | --- |
| 거절이 어려울 때 | '지금은 힘들지만, 다음에 꼭 도울게' 라고 문자로 전달한다. |
| 감정이 격해져 갈등이 날 때 | "지금은 감정이 격해져서 잠깐 시간을 갖고 이야기하자"고 말하고 잠시 산책한다. |
| SNS가 부담스러울 때 | SNS 앱을 하루 이틀 지웠다가, 다시 켜지 않고 노트에 내 기분을 쓴다. |
| 실수나 후회에 자주 빠질 때 | "지난번 강의 망친 거, 누구나 그런 경험 있지. 다음에 더 준비하면 돼."라고 일기장에 적는다. |

나는 완벽하지 않다. 그런데도 내 마음, 실수, 노력 모두 소중하다. 이제는 누군가에게 인정받지 않아도 좋은 날뿐 아니라 힘든 날의 나도 충분히 괜찮다고 말해줄 수 있다.

이 글을 읽는 여러분도 필자처럼 작은 자기를 인정하며 서서히 단단해질 수 있다는 걸 꼭 기억해주었으면 한다. 함께 하루하루 조금씩 성장할 수 있다.

# 4 장

# 혼잣말 대신 '자기 대화'

,

## 혼잣말과 자기 대화: 무엇이 다를까?

✓ **A**

"아, 우산을 두고 왔네."

# 아무 생각 없이 자신의 상황을 표현하는 말

✓ **B**

"우산을 두고 와서 비를 조금 맞겠지만 금방 집에 갈 수 있으니까 문제없어!"

# 자신을 위로하고 상황을 긍정적으로 바라보는 대화

A, B 두 사람이 있다고 가정했을 때 비가 올 수도 있다는 것을 알면서도 우산을 두고 출근했다. 똑같은 상황 속에서 두 사람의 공통점과 차이점은 무엇인가?

타인과의 대화가 아니라 나와의 대화라는 것을 알 수 있을 것이다. 다만 A의 경우는 무의식적으로 튀어나오는 행동언어 내지는 자동적 사고를 통해 나오는 말이다. 그것을 '혼잣말'이라고 부른다. B의 경우는 의식적으로 자신과 소통하는 것이며 자신을 위로하고 상황을 긍정적으로 바라보는 '자기대화'이다.

혼잣말은 대개 무의식적으로 내뱉는 말이며 주로 자신의 생각을 소리 내어 표현하거나 순간적인 감정을 드러내기 위해 이루어진다. 의도적인 대화라기보다는 순간적인 표현에 가깝다. 자기 대화는 의식적으로 자신과 소통하는 과정으로, 문제를 해결하거나 자신을 격려하기 위한 목적으로 이루어지는 경우가 많다. 목표를 가지고 논리적으로 진행되는 대화다.


## '나'와 '나'의 대화, 언제 일어날까?

하루를 떠올려보면 우리에게 빼놓을 수 없는 것이 대화이다. 부부 사이, 부모와 자녀사이, 상사와 부하사이 등 공식적이든 비공식적이든 우리는 대화를 한다.

때론 중요한 결정을 내려야 할 때도 있고 부탁 또는 요청 등의 필요한 대화도 있다. 하다못해 시장에서 장을 보다가도 자연스럽게 일상대화들이 오고 갈 때가 있다.

그렇다면 대화의 상대가 있지 않을 때 즉, 혼자서 나와 대화하는 시간은 언제일까?

아침에 일어나려고 알람이 울리고 일어날 때. "아, 또 늦잠 잤네. 오늘은 일찍 일어나야지!" 또는 "조금만 더 자고 싶어!"라고 자연스럽게 나오는 말이다. 회사에서도 팀 회의에서 프로젝트 진행 상황에 대한 논의가 이루어질 때. "이 부분은 정말 복잡해. 어떻게 해결하지?" 또는 "이번에는 꼭 성공해야 해!"

혼자서 생각하며 경계나 걱정을 표현하는 모습으로 문제를 해결하기 위한 고민이 담겨 있는 혼잣말이다. 혼잣말도 충분히 과학적인 근거에 의하면 스트레스 완화와 경계를 더 낮춰준다고 되어있다.

## 혼잣말과 자기 대화의 차이

미국 미시간주립대 연구에서는 혼잣말이 심리적 거리감을 조절하는 데 효과적이라는 결과를 도출했다. 특히 자신을 3인칭으로 부르며 혼잣말을 할 경우 감정적인 뇌 활동이 빠르게 줄어들어 스트레스 수치가 낮아지는 것으로 나타났다고 한다.

그렇다면 자기 대화는 혼잣말과 어떻게 다를까? 부정적인 상황에서 긍정으로 나아가기 위한 조절버튼이 눌려지는 시도가 포함된다.

긍정심리학의 창시자인 마틴 셀리그만은 긍정적인 자기 대화의 중요성을 강조했다. 그는 긍정적인 생각이 개인의 행복과 웰빙을 증진시키는 데 기여한다고 주장한다.

"긍정적인 자기 대화는 우리가 어려움을 극복하고, 더 나은 삶을 사는 데 필수적이다."

자기 대화는 주로 자신을 격려하거나, 부정적인 생각을 긍정적으로 전환하기 위한 목적이 있다. '나는 할 수 있어!'라는 혼잣말은 종종 비의식적으로 이루어지며, 감정의 자연스러운 표출이다.

자기 대화는 내면의 목소리와 대화하는 것으로, 감정이나 생각을 인식하고 조절하기 위한 의도적인 대화이다. 이에는 긍정적인 격려나 부정적인 생각의 전환이 더 목적이 된다.

## 자기 대화가 삶에 미치는 영향

긍정적인 상황에서의 혼잣말과 자기 대화는 하면할수록 더 배가 되지만 중요한 것은 부정적인 감정과 사고에서의 부정적인 혼잣말과 자기 대화는 일상의 적이 될 수 있다.

둘 다 자기 인식과 정서적 해소에 기여하지만, 자기 대화는 더 발전된 형태로 긍정적인 변화를 이끌어내기 위한 도구로 활용될 수 있다. 긍정적인 자기 대화는 적극적인 움직임이자 액티브라고 할 수 있다. 그냥 사라지고 마는 휘발성이 아닌 지속가능한 대화가 될 수 있기에 잠시 멈추고 그 연습을 해보길 바란다.

## 자기 대화 노트

여러분이 스스로와 더욱 긍정적인 관계를 맺고, 진솔한 자기 대화를 통해 어제보다 더 나은 나로 나아갈 수 있도록 이끌어줄 소중한 실천 도구예요.

✓ **하루 동안 떠올렸거나 사용한 부정적인 자기 대화를 솔직하게 적는다.**

오늘 내가 했던 부정적인 자기 대화는 무엇인가요?

.................................................................................................................

.................................................................................................................

# "나는 이 일을 잘 할 수 없을 거야." 또는 "왜 나는 항상 실수를 하는 걸까?"

✓ **어떤 상황에서 부정적인 자기 대화를 하게 되었는지 파악해본다.**

부정적인 대화가 생긴 상황은 무엇이었나요?

.................................................................................................................

.................................................................................................................

# 회의에서 발표를 준비하다가 자신감이 떨어졌을 때.

✓ **부정적인 자기 대화를 긍정적인 표현으로 변환하는 방법을 생각해본다.**

부정적인 대화를 긍정적으로 전환하면 어떻게 표현할 수 있을까요?

....................................................................................................

....................................................................................................

# "나는 아직 발표 준비가 부족하지만, 열심히 하면 잘 해낼 수 있을 거야."


✓ **긍정적인 대화를 통해 느껴질 수 있는 변화나 가능성을 적어본다.**

긍정적인 자기 대화를 통해 얻을 수 있는 효과는 무엇일까요?

....................................................................................................

....................................................................................................

# "자신감을 얻고, 더 적극적으로 발표 준비를 할 수 있다."


✓ **비슷한 상황에서 스스로에게 힘이 되는 긍정적 대화를 미리 작성한다.**

다음에 같은 상황에서 내가 스스로에게 해주고 싶은 긍정적인 말은 무엇인가요?

....................................................................................................

....................................................................................................

# "지금 부족하더라도 배울 수 있는 기회가 있으니 열심히 해보자."

## 구체적인 부정적/긍정적 자기대화 흐름 예시

**상황**
"팀 미팅의 발표를 맡았지만 준비 시간이 부족해."

**부정적인 자기 대화**
"오늘 팀 미팅에서 내가 제대로 설명하지 못할 것 같아."

**긍정적 자기 대화로 전환**
"내 준비가 부족할지라도 열심히 노력하고 동료의 도움을 받으면 잘 해낼 수 있을 거야."

**긍정적인 대화를 통해 얻을 수 있는 효과**
"발표에 더 집중하고, 성공적으로 끝내는 경험을 쌓을 수 있어."

**결과**
"나는 준비가 부족하다고 느끼더라도 배울 기회로 삼아 최선을 다 할 거야."

5 장

# 나를 알아주는 힘

,

## 인정받고 싶은 마음, 그리고 외로움

우리는 가족이건 동료건, 자식이건 누구나 '나를 알아주는 사람이 있길 바라는 마음'을 품고 살아간다. 집안일을 하고, 회사에서 열심히 일하고, 육아를 하면서도 누군가에게 '수고했다'는 말 한마디를 듣지 못하면 괜히 서운하고, 나의 노력이 헛된 듯 허무해지는 순간이 온다.

이러한 욕구가 너무 커지면 '나는 누군가가 나를 알아봐 줘야만 한다'는 외부적 인정에 의존하는 마음이 생긴다. 심리학에서는 이를 '외부적 자존감

의존'이라고 부른다. 타인의 인정을 받지 못하면 내 존재가 무가치하다고 느끼며, 끊임없이 '나를 알아봐 달라'는 메시지를 전달하게 된다.

## 성장의 기회는 '아무도 알아주지 않을 때'

케롤 드웩의 『마인드셋』에서는 '고정 사고방식'과 '성장 사고방식'의 차이를 설명한다. 고정 사고방식을 가진 사람들은 실패를 자신의 불변하는 한계로 받아들이고 도전이나 피드백을 회피하지만, 성장 사고방식을 가진 사람들은 노력을 통해 자신의 능력을 발전시키며 실패도 성장의 기회로 삼는다.

이 메시지는 단순히 조직에서의 일처리뿐 아니라 우리 일상에도 깊이 적용된다. 누가 몰라주는 집안일, 자칫 하찮다고 여길 수 있는 자기계발의 순간들, 바로 그런 순간들이 내면의 진짜 성장을 이끈다. 진정한 성장은 외부의 인정이 아닌 스스로의 노력과 내적 동기에서 비롯된다는 사실을 기억해야 한다.

## '나 자신을 알아주기' 연습, 왜 중요한가

외부의 인정에 의존하다 보면 "내가 칭찬받지 못하면 어떡하지?", "내 노력이 무시당하면 어떡하지?"라는 불안에 사로잡히게 된다. 하지만 행복과 안정감은 남의 시선이 아니라 '나 스스로를 인정할 때' 찾아온다.

심리학자들은 자기 인정을 정서적 안정의 근간으로 본다. '나는 지금까지 충분히 잘해왔고, 내 방식대로도 괜찮다'라고 스스로를 격려할 때 타인의 평가에 흔들리지 않고 진정한 행복에 이를 수 있다.

매일 하는 청소, 요리, 장보기, 아이들 숙제 돕기, 운동하기, 업무 보고서 작성, 동료 돕기, 회의 준비 등의 일들은 누가 알아주지 않아도 나와 내 주변을 더 나아지게 만드는 중요한 노력이다. 하지만 인정받지 못하면 점점 '이걸 왜 해야 하지?'라는 무기력에 빠져들 수 있다. 그래서 '스스로를 인정하는 연습', 즉 '나 알아주기 노트'를 작성해보는 것이 중요하다.

**,**

## 나 알아주기 노트

_____

✓ 일상에서 어떤 일들을 소중히 여겼는지 적어보세요.

   ....................................................................................

   ....................................................................................


✓ 누군가 알아주지 않아도, 당신이 꾸준히 반복하는 소소한 일들을 적어보세요.

   ....................................................................................

   ....................................................................................


✓ 보상이나 인정을 바랬던 것이 있다면 적어보세요.

   ....................................................................................

# "나는 청소를 열심히 했는데, 누구도 알아주지 않아 서운했다."

✓ 각 일이 가진 '의미' 새롭게 정의하기

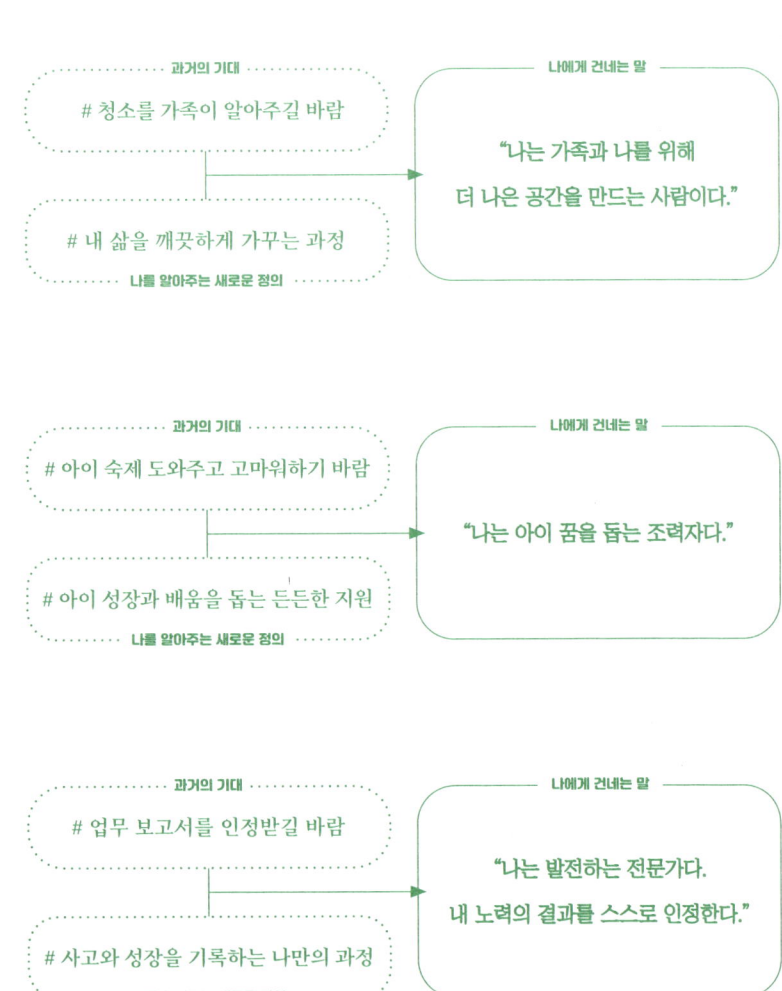

✓ 나를 인정하는 한마디를 써보세요.

.................................................................................................................

.................................................................................................................

.................................................................................
# "나는 내가 한 일을 충분히 자랑스럽게 생각해."

✓ 나 알아주기 노트의 실천 내용과 리뷰

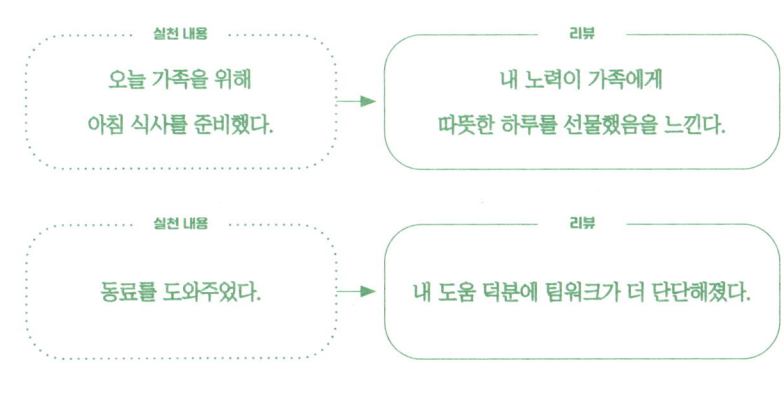

이렇게 내 일상을 스스로 정리하고, 그 의미를 나답게 재정의하며, 한마디 스스로에게 건네는 연습을 해보세요. 가볍게 적는 이 노트가 내 마음을 단단하게 진짜 나로 성장시켜줍니다.

,

Today :　　　 ·　　　 ·　　　  (Date :　　　 )

---

✓ **과거의 기대**

........................................................................
........................................................................

✓ **나를 알아주는 새로운 정의**

........................................................................
........................................................................

✓ **나에게 건네는 말**

,

Today : _____ · _____ · _____    (Date : _____ )

---

✓ **과거의 기대**

..................................................................................................
..................................................................................................

✓ **나를 알아주는 새로운 정의**

..................................................................................................
..................................................................................................

✓ **나에게 건네는 말** ─────────────────────

---

**6장**

# 나와 타인을 함께 살피는 시간

,

## 나의 인맥 관계 지도 그리기

관계 형성이나 관계 지속보다 중요한 것은 잠시 멈춰 관계를 돌아보는 시간을 갖는 것이다. 현재 관계를 맺어왔던 나를 다시 돌아볼 수 있는 계기가 되면 좋겠고, 그 관계 속에서 만나는 사람들이 나에게 주는 의미도 되새기는 것이 필요하다.

인맥 관계 지도란? 관계 안에서 떠오르는 이름을 적어보면서 각각의 사람들과의 만남 계기를 정리하고, 자신의 인맥을 시각적으로 표현하는 방법이다. 각 사람의 역할, 관계의 깊이, 그리고 그들과의 소통 빈도를 기록한다.

### 나의 인맥 관계 지도 그리는 방법

- ✓ 중앙에 나를 배치한다.
- ✓ 주변에 가족, 친구, 동료 등을 그린다.
- ✓ 각 인물을 선으로 연결하되, 선의 두께로 관계의 깊이를 표현한다.
- ✓ 거리로 친밀도를 나타낸다(거리가 가까울수록 친밀한 관계이다).

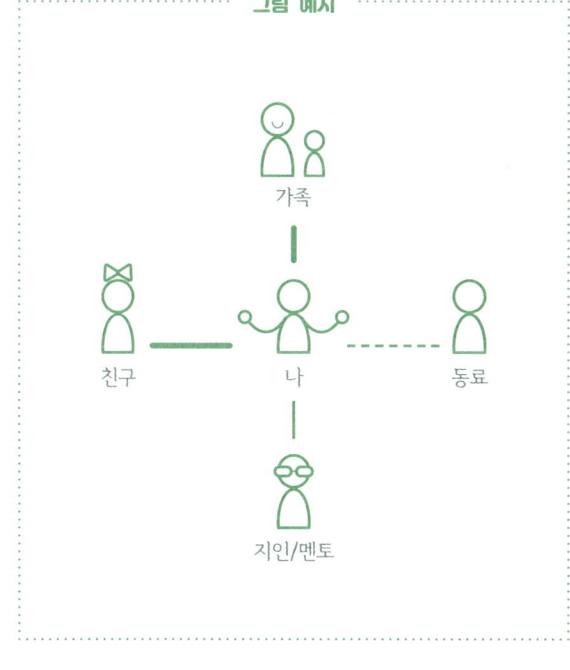

그림 예시

## 건강한 관계를 위한 3가지 실천법

첫째, 무조건 동조하기보다는 긍정적으로 대화를 이끌어가는 것이 중요하다.

✓ **예시. 친구가 힘든 상황을 이야기할 때**
- 좋지 않은 예. "정말 힘들겠다. 나도 그럴 것 같아."
- 좋은 예. "요즘 많이 힘들었구나. 그래도 잘 이겨내고 있는 네 모습이 대단해."

둘째, 형식적인 반응을 넘어서 진정한 관심을 보여주는 것이 중요하다.

✓ **예시. 상대방의 근황을 물을 때**
- 좋지 않은 예. "요즘 어때?"(형식적)
- 좋은 예. "그 프로젝트 잘 진행되고 있어? 어떻게 되고 있는지 궁금했어!"

셋째, 감정이 격해지는 순간에는 잠시 대화를 멈추는 용기가 필요하다.

✓ **예시. 감정적인 상황이 발생했을 때**
- 좋지 않은 예. 감정적으로 계속 대응하기.
- 좋은 예. "지금은 조금 감정이 격해진 것 같아. 잠시 시간을 두고 다시 이야기하자."

## 관계 돌봄 실천 노트

주변 관계들을 따뜻하게 돌아보고, 솔직한 나와 너를 연결하는 소중한 시간을 가져봐요. 내가 가진 관계들에 대한 질문에 답을 하며 관계를 돌볼 수 있도록 해보세요.

✓ 나의 관계에서 꼭 필요한 사람의 이름은 누구인가요?

- ..........................................................
- ..........................................................
- ..........................................................

✓ 각각의 사람들이 나에게 주는 의미는 무엇인가요?

- ........................, ................................................
- ........................, ................................................
- ........................, ................................................

✓ 어떤 계기와 상황을 통해 만나게 되었나요?

- ........................, ................................................
- ........................, ................................................
- ........................, ................................................

# 관계 개선 실천 계획

,

___

✓ **연락하고 싶은 사람**

( # )                                    ( # )

✓ 언제 :      ·      ·              ✓ 언제 :      ·      ·
✓ 어떻게 :                          ✓ 어떻게 :


✓ **깊은 대화를 나누고 싶은 사람**

( # )

✓ 언제 :      ·      ·
✓ 어떻게 :
✓ 주제 :


( # )

✓ 언제 :      ·      ·
✓ 어떻게 :
✓ 주제 :

## 관계 돌봄 체크리스트 - 실천해 볼 것들

,

- ✓ 긍정적 대화 유도하기(최소 1회) ☐ Check
- ✓ 진심 어린 관심 표현하기(최소 2회) ☐ Check
- ✓ 필요하면 갈등 상황에서 잠시 멈추기 ☐ Check
- ✓ 에너지를 주는 사람과 시간 보내기 ☐ Check
- ✓ 에너지 소모하는 관계 점검하기 ☐ Check

---

기억하세요. 관계 돌봄은 상대방만을 위한 것이 아니에요. 나 자신을 돌보면서 동시에 건강한 관계를 만들어가는 것이에요. 모든 관계가 완벽할 필요는 없지만 서로를 존중하고 성장시키는 관계를 지향해보세요.

6부

멈춤, 그 이후

지속 가능한 변화

**1 장**

# 자유로운 삶 설계하기

,

## 루틴을 만들어가는 삶 vs 루틴에 얽매이는 삶

　루틴을 만들어 가는 삶과 루틴에 얽매이는 삶을 구분하는 것이 필요하다. 긍정심리학의 창시자 셀리그만은 "행복은 규칙적인 루틴이 아니라, 자신에게 맞는 일상의 작은 순간에서 발생한다"라고 말했다.
　규칙적인 루틴이 지나치게 강박적으로 느껴지면 오히려 삶의 유연성을 제한하고 스트레스를 유발할 수 있기 때문이다. 그것뿐만 아니라 똑같은 하루 속에서 쳇바퀴를 굴러간다고 생각한다면 무료함마저 올 수가 있다.
　우리에게 늘 익숙한 것들이 펼쳐져 있기에 낯설게 대하는 것은 그만큼 어려운 일이고 관심을 가져야 하는 일이다. 일상에서의 소소한 순간들을 즐기고 자신에게 맞는 방식을 찾는 것이 더 중요하다고 말하는 것이다.

## 진정한 행복을 발견하는 순간들, 삶의 질을 높이는 작은 선택들

자신에게 맞는 일상의 순간을 즐길 때 우리는 진정한 행복을 발견할 수 있다. 삶의 유한성 앞에서 삶의 양이 아닌 삶의 질이 올라가게 하는 것 말이다. 이는 곧 자기발견으로 이어지며 원래의 일상에서 맛볼 수 없었던 또 다른 나를 만나며 직선 같은 삶을 곡선으로도 바꾸어준다. 예를 들어, 매일 정해진 시간에 운동하는 것보다 기분이 좋을 때나 친구와 함께하는 시간을 통해 운동을 즐기는 것이 더 큰 행복을 가져올 수도 있다는 것이다.

사소한 경험이 주는 큰 의미로 아침에 좋아하는 커피를 마시거나 친구와의 짧은 대화 같은 사소한 경험들이 행복감을 증진할 수 있다. 일상의 작은 순간들은 종종 간과되기 쉽지만 이러한 순간들이 쌓여서 우리의 삶의 질을 결정짓는 것이다.

### ✓ 나만의 균형 찾기

정답은 없다. 규칙적인 루틴과 더불어 소소한 일상의 시간도 같이 보낼 수 있다면 더할 나위는 없다. 어떤 것이 더 옳고 그름이 없다는 것만은 분명하다. 이 글을 읽는 시간도 루틴에 들어가야만 하는 수동적인 '나'인지, 내가 선택한 적극적인 루틴의 '나'인지가 먼저다.

✓ 점검의 시간

일이 안 풀리는 것이 아니라 나의 일상이 안 풀리고 있는지 한 번 점검해 보자. 때로는 완벽한 루틴보다 자유로운 선택이, 엄격한 계획보다 유연한 적응이 우리에게 더 큰 만족감을 가져다줄 수 있다. 멈춤, 그 이후의 삶은 완벽한 루틴이 아니라 나만의 리듬을 찾아가는 여정이다. 때로는 흘러가는 대로 때로는 의도적으로 그렇게 아주 보통의 '나'로 살아가는 것이다.

## 2장

## 나를 있는 그대로 바라보기

,

오랜 말습관 중에 고쳐야 했던 것 하나가 '원래 나는 그런 사람이야!'라는 표현이었다.

'나는 원래 이런 사람이잖아!'라고 생각하는 그 지점이 중요하다.
이는 "자기정체성 고착Self-identity Fixation" 또는 "자기낙인Self-stigma"과 관련이 있다. 개인이 특정한 정체성을 고수하고, 그 정체성에 따라 행동하며, 변화하려고 노력하지 않는 경향을 의미한다. 이러한 현상은 다음과 같은 심리적 요소와 관련이 있다.
개인이 자신을 특정한 방식으로 정의하면서 그에 대한 고정된 믿음을 갖게 된다. 예를 들어, '나는 원래 요리를 잘 못해'라는 생각은 그 사람의 요리 능력을 제한하게 된다, 즉, 나는 요리를 좋아하는 사람이 아니라는 기본 전제도 있을뿐더러 변화에도 제한을 두게 되는 것이다.

결국, '원래 그런 사람'이라는 벽 안에 갇힌 나로 살다 보니 그 신념이 좀 더 해보려는 의지나 마음마저 깨트린 것이다. 일상에서 '원래 그런 사람이야!'라고 생각하고 있는 지점은 없는가?
자신의 정체성을 고수하면서 오히려 압박감을 느끼고 있지는 않은지 돌아볼 필요가 있다. 먼저 나를 돌아보면서 그 순간을 복기해보는 것부터 시작해보자.

,

## 나를 돌아봄 노트

아래는 자신을 돌아보고 작은 변화를 시작하도록 돕는 질문들입니다. 자유롭게 적고 느낀 대로 생각해보세요.

### 질문 노트 Ⅰ 나를 돌아보기

,

✓ 나는 '원래 이런 사람이야!'라고 생각했던 순간은 언제인가요?

............................................................................................................

# "나는 원래 요리를 못해."

✓ 스스로에게 직접 해보세요.

............................................................................................................

# "○○야, 너는 원래 요리를 못하잖아!"라고 자기 자신에게 이야기해보세요.

✓ 위의 말은 나에게 어떻게 느껴지나요?

............................................................................................................
............................................................................................................
............................................................................................................

### 질문 노트 II 나의 고정 틀 깨보기

**,**

✓ **나를 향한 조금은 부정적인 생각들을 긍정의 말로 다듬어서 적어보세요.**
오늘 나 자신에게 새로운 말을 걸어보세요.

# "나는 요리를 잘 못하지만, 연습하면 조금씩 나아질 수 있어."

그 말을 적으며 내 신념에 어떤 변화가 생기는지 관찰해보세요.

..................................................................................

..................................................................................

..................................................................................

✓ **내가 시도해볼 아주 작은 행동들은 무엇이 있는지 적어보세요.**
작은 목표를 써보세요.

# 한 가지 새로운 요리 레시피를 따라 해보기.

그 작은 목표를 시도했을 때 느낀 감정을 적어보세요.

- 성공했을 때.
  ........................................................................................
- 어려웠을 때.
  ........................................................................................

✓ 다음과 같은 문장을 완성하며 새로운 도전의 틀을 만들어 보세요.

"나는 ........................................................ 하지만,

앞으로 ........................................................ 해볼거야!"

# "나는 원래 요리를 못하지만, 앞으로 간단한 샐러드부터 만들어 볼 거야!"

**3 장**

# 온전한 나를 위한 안전기지 만들기

,

## 가면을 내려놓는 구체적인 연습

'있는 그대로의 나를 받아들이라'는 조언은 때로 '아무 노력도 하지 말라'는 말처럼 들려 불안감을 주기도 한다. 하지만 진짜 나를 만나는 과정은 방치가 아닌 나라는 사람의 고유한 특성을 이해하고 그 잠재력을 가장 나답게 사용하는 '섬세한 기술'에 가깝다. 아래 3단계 연습은 그 기술을 익히는 데 도움을 줄 것이다.

✓ **1단계: 단점을 강점으로 '재정의'하기**

우리가 단점이라고 여기는 많은 것들은 사실 동전의 양면과 같다. 어떤 상황에서는 단점이지만 다른 상황에서는 누구도 흉내 낼 수 없는 강점이 된다. 나를 괴롭히는 그 '단점'의 새로운 이름을 찾아주는 것이 좋다.

예를 들어,
"나는 너무 산만해" → "나는 호기심이 많고 다재다능해"
"나는 쓸데없이 말이 많아" → "나는 표현력이 풍부하고 분위기를 주도할 수 있어"
"나는 너무 예민해" → "나는 타인의 감정을 섬세하게 감지하는 능력이 있어"

이처럼 관점을 바꾸는 것만으로도 나를 부정적인 틀에 가두던 생각에서 벗어날 수 있다. 나의 특성은 '고쳐야 할 대상'이 아니라, '어떻게 잘 사용할지 고민해야 할 자원'이 되기 때문이다.

✓ **2단계: 머리가 아닌 '몸의 감각' 믿어보기**

외부의 평가나 머릿속의 복잡한 생각보다 더 정확한 기준이 바로 우리 몸이다. 타인을 위해 나를 억누를 때와 나답게 행동할 때 몸이 어떻게 반응하는지 느끼는 것이 필요하다.

에너지가 소모되는가, 충전되는가? 억지로 조용한 척한 뒤 집에 돌아오면 녹초가 되는가? 반면 수다를 떨고 신나게 웃은 날에는 오히려 활력이 생기는가? 당신의 몸은 어떤 행동이 자신에게 이로운지 이미 알고 있다.

자신을 숨기고 가면을 쓰고 있을 때, 우리는 시원하게 코를 풀지 못했을 때처럼 묘한 답답함과 찝찝함을 느낀다. 이 감각을 절대 무시해서는 안 된다. 그것은 바로 '진짜 나'와 멀어지고 있다는 몸의 솔직한 신호일 수 있기 때문이다. 머리가 '이게 맞아'라고 말해도 몸이 불편하다고 느끼면, 그 결정은 진정으로 나를 위한 것이 아닐 확률이 높다. 우리 몸이 보내는 작은 목소리에 귀 기울이는 것, 그것이 가면을 내려놓는 중요한 시작점이 된다.

✓ **3단계: 온전한 '나'를 위한 안전지대 만들기**

하루 중 아주 짧은 시간이라도 혹은 특정한 공간에서만큼은 온전히 나다워도 괜찮은 '안전지대'를 의식적으로 만들어보는 것도 좋다.

- **시간으로 만들기:** 퇴근 후 30분은 누구의 방해도 받지 않고 내가 좋아하는 음악을 크게 듣거나 엉뚱한 상상을 하는 시간으로 정해보는 것을 제안한다.

- **공간으로 만들기:** 내 방의 책상만큼은 내가 가장 편안함을 느끼는 물건들로 채워보는 것이다.

- **관계로 만들기:** 나를 판단하지 않고 있는 그대로 받아들여 주는 친구나 가족과의 만남을 늘려보는 것이다.

- **아주 작은 '자유' 허락하기:** 거창한 변화는 필요 없다. 아주 사소한 행동

으로 '진짜 나'에게 자유를 주는 것이다. 예를 들어, 회의 시간에 늘 침묵했다면 다음엔 아주 짧은 의견이라도 한 번 말해보는 것이다. 늘 밝은 모습만 보였다면 잠시 무표정하게 있을 자유를 스스로에게 허락해 보는 것도 있다.

내가 원하는 삶, 내가 원하는 모습에 집중하는 것이 필요하다. 가면을 쓰고 살아가기엔 우리의 삶이 너무 짧고 소중하다. 이제 보이는 나를 넘어 진짜 나를 사랑해보면 어떨까?

## 진짜 '나' 노트

글을 읽는 것에서 멈추지 말고 아래 질문들을 통해 오늘 하루 당신의 마음을 들여다보세요. 이 작은 실천이 진짜 나를 만나는 첫걸음이 될 것입니다.

✓ 내가 타인의 시선을 신경 쓰느라 억누르고 있는 모습은 무엇인가요?

# 지나치게 밝아 보이려고 애쓰거나, 조용한 척하기 등

✓ 나를 위한 진짜 모습은 어떤가요?

# 활기차고 솔직한 나, 감정을 숨기지 않는 나

✓ 오늘부터 내 모습을 인정하기 위해 어떤 작은 행동을 시작할 수 있을까요?

# 내가 진짜 좋아하는 방식으로 이야기하기, 스스로 칭찬하기

**4장**

# 긍정과 격려의 연습

,

## 감사일기의 힘

누구나 진짜 내면의 힘을 발휘할 때는 잘되고 있을 때가 아니라 어려운 상황에 직면했을 때이다. 일상을 단단하게 살아갔던 시간과 기록들이 바로 그때 힘이 된다. 감사일기를 지속적으로 쓰게 되면 얻게 되는 가장 큰 이점은 바로 '자기 격려'와 '자기 긍정'을 통한 확언 메시지가 강해진다는 것이다.

자기 긍정Self-affirmation은 자신의 가치와 신념을 긍정적으로 재확인하며 자신을 있는 그대로 받아들이는 태도를 말한다. 자신의 강점과 긍정적인 면을 인식하고 이를 통해 스트레스와 부정적인 상황을 극복하는 데 도움을 준다. 자신을 있는 그대로 인정하고 자존감을 높이는 방법이다.

자기 격려 Self-encouragement 는 스스로를 격려하고 동기를 부여하며 긍정적인 행동을 촉진하는 과정이다. 자신에게 친절한 말을 건네고 작은 성취를 인정하며 앞으로 나아갈 수 있는 힘을 제공한다. 행동을 촉진하고, 실천력을 강화하는 것이다.

## '나'를 위한 긍정&격려 메시지: 직접 써보는 시간

'자기 긍정'과 '자기 격려'는 유사해 보이지만 그 목적과 표현 방식에서 차이가 있다. 아래 예시들을 통해 그 차이를 확연히 확인하고 여러분 스스로에게 필요한 메시지는 무엇일지 고민해보자.

✓ **번아웃을 겪는 직장인**
자기 긍정 예: "나는 지금 지쳤지만, 그동안 열심히 해왔다는 증거야. 나의 노력은 가치 있어."
자기 격려 예: "오늘은 업무를 잠시 내려놓고, 나를 위해 10분만 쉬어보자. 다시 시작할 힘을 얻을 수 있을 거야."

✓ **감정조절이 어려운 사람**
자기 긍정 예: "내 감정이 복잡하지만, 이는 내가 인간이라는 증거야. 감정을 느끼는 건 자연스러운 일이야."
자기 격려 예: "지금은 깊게 숨을 들이마시고 천천히 내쉬어보자. 감정을 다스릴 수 있는 힘이 내 안에 있어."

## 자기 긍정 & 자기 격려 노트

본문의 예시들을 참고하여 지금의 나에게 가장 필요한 자기 긍정과 자기 격려 메시지를 직접 작성해보세요. 나의 상황과 감정에 집중하여 진심을 담은 나만의 문장을 만들어보세요. 매일 아침저녁, 거울 앞에서 자신에게 이 말을 건네는 연습을 한다면 분명 큰 힘이 될 거예요.

✓ **나의 자기 긍정**

- 
- 
- 
- 

✓ **나의 자기 격려**

- 
- 
- 
-

5장

# 인지적 무기력 극복 가이드

,

## 인지적 무기력의 실체

컨디션은 평탄한데 안 좋은 소식을 듣거나 예상치 못한 상황이 반복적으로 일어날 때 우리는 쉽게 무너진다. 외부 요인에 의해 부정적인 감정이 일상을 지배하고 결국 현재가 싫어지는 상태가 지속될 때 이를 바로 '인지적 무기력'이라고 부른다.

✓ 인지적 무기력이란?

어떤 일을 할 때 '나는 이걸 해낼 수 없어'라는 생각 때문에 스스로 포기하게 되는 상태를 말한다. 주로 실패 경험이 쌓이면서 생기고, 그로 인해 아무것도 하기 싫어지거나 모든 것을 부정적으로 생각하게 되는 것이다. '사표를 내겠다', '이곳이 너무 싫다'는 생각은 단순한 충동을 넘어, 모든 것을 싫어하게 만드는 감정의 전염으로 이어져 결국 일상 전체를 무겁고 힘들게 만든다. 이러한 경직된 상태가 지속되면 몸에도 이상이 오기 쉽다. 마음의 불편함이 결국 몸까지 영향을 미치는 악순환을 초래할 수 있기 때문에, 몸과 마음의 균형을 유지하는 것은 무기력을 이겨내는 데 필수적이다.

## '행동'이 답이다

무기력 극복의 핵심은 결국 행동에서 시작하는 것이다. 때론 동기 부여가 없더라도, 일단 움직이는 것이 중요하다. 이른바 '액티브하라!'는 원칙이다.

✓ **작은 행동으로 시작**
오늘 하루만 버틴다는 마음으로 작은 목표를 설정한다. 예로 아침에 자리에서 일어나 물 한 잔 마시기, 5분 스트레칭하기 등과 같은 것들이 있다.

✓ **길게 보는 연습**
지금의 어려움이 일시적임을 깨닫고 긍정적인 관점을 유지하려고 노력하라. 거절이나 실패는 끝이 아니라 다음 단계로 나아가기 위한 과정일 수 있다.

✓ **행동 후 성취감 발견**

'일단 하고 나니까 괜찮더라!'라는 마음이 들 수 있도록 아주 작은 성공이라도 쌓아보라. 이 작은 성공의 경험들이 다음 행동의 원동력이 된다.

# 생각 & 행동 연결 노트

부정적인 상태가 지속될 때 체크해보는 노트예요. 올바로 점검하고 작은 행동을 찾아보세요.

## I 단계: 지금 내 상태는?

✓ 어떤 부정적 생각이 반복되고 있나요?

"나는 ........................................................ 할 수 없어."

"나는 ........................................................ 사람이야."

✓ 이 생각, 정말 사실일까요?

## II 단계: 생각을 행동으로 연결하기

,

✓ 지금 이 부정적 생각 대신 어떤 행동을 해볼까요?

...........................................................................................
...........................................................................................

✓ 왜 이 행동을 선택했나요?

...........................................................................................
...........................................................................................

✓ 언제 해볼까요?

( 지금 ) — ( 오늘 ........ 시 ) — ( 내일 )

### Ⅲ 단계: 행동 후 기분 변화 체크

**,**

✓ 행동 전  😠 ☹ 😐 🙂 😄

✓ 행동 후  😠 ☹ 😐 🙂 😄

✓ 내일 해볼 작은 것 하나 써보기

"내일은 _____ 해보자."

✓ 나에게 해주고 싶은 한 마디

---

완벽하게 다 채우지 말고 하나씩만 체크해도 좋아요. 꺼내서 반복 사용하세요. 작은 변화도 자신을 칭찬해주세요. '일단 하고 나니까 괜찮더라'는 경험을 만들어보세요!

**6 장**

# 하루 5분, 셀프 케어 습관

,

## 힐링 & 따뜻한 차 한 잔의 기적

'누군가 나를 위해 따뜻한 차 한 잔을 준비해준다면 그게 바로 힐링이 아닐까'라는 말은 작은 행동이 주는 큰 위로를 보여준다. 여기서 '누군가'를 '내가 나에게'로만 바꾸면 된다. 좋아하는 음악 한 곡을 들으며 잠시 눈을 감아보는 것, 커피 한 잔을 천천히 음미하는 것, 창밖 풍경을 바라보며 잠시 숨을 고르는 것. 이 모든 것이 힐링이 될 수 있다. 중요한 건, 그 시간만큼은 온전히 나를 위한 순간이라는 것이다.

## '하루 한 줄, 5분'의 힘

　매일 감정일기나 감사일기를 꾸준히 해나간다는 것에 적잖은 부담감이 있었다. 그때부터 '하루 한 줄' 또는 '하루 5분 정도만 하자'고 선을 그었다. 말 그대로 쉽게 포기하지 않도록 '쉬운 자기 돌봄'이라고 칭해왔다. 누가 보건 안 보건 중요하지 않았다. 때론 대문짝만하게 적을 때도 있지만 메모지에 끄적거리거나 어플에 녹음하면서 한 줄을 남기기도 했다. 한 줄이 발견된 하루의 순간에 집중했고, 어떤 순간에 힐링감이 왔는지를 역추적해 보기도 했다. 자동차를 운전하면서 갈 때는 말로 녹음했고, 산책 중에는 잠시 멈추기도 했으며, 기차를 타고 지방 교육을 갈 때도 잊을세라 남기곤 했다.

## 새로운 경험이 주는 압박감

　'힐링Healing'은 영어 단어 '치유하다', '낫게 하다'에서 유래했으며, 신체적, 정신적 고통을 완화하고 회복하는 과정을 포함한다. 주로 스트레스 해소나 마음의 평화를 찾는 활동을 의미하며, '쉼'으로도 표현할 수 있어 사람마다 쉬는 방식이 다르다.

　다만 이전에 힐링 활동을 잘못 정의하고 받아들인 나머지 현실이 암담하기만 했다. 늘 새로운 곳을 가고 먹던 음식 말고 새로운 것을 접하는 그 자체가 힐링이 되곤 했다. 하지만 발을 내딛으며 찾아나가는 것들에 제약이 된다거나 원하는 것을 하지 못할 때는 왠지 모를 답답함에 가득 차곤 했다.

'힐링 거리를 찾지 않느냐'며 가까운 남편에게 구박하기도 했고 뾰로통한 모습으로 여행 같지 않은 여행을 가기도 했다. 힐링마저 쉼이 아닌 '일'로 생각했던 것이다. 새로운 곳을 찾아나가거나 평소 경험해보지 못한 환경을 만나야만 된다고 스스로를 압박했다. '힐링하러 갔다가 고생만 하고 온다'는 말이 딱 나 같은 사람을 두고 하는 말이었다.

## 내면을 치유하는 힘

그러나 힐링의 심리학적 의미는 자아 회복과 성장의 과정으로 본다. 개인이 과거의 상처를 극복하고 내면의 힘을 키워 더 건강한 상태로 나아가는 것을 목표로 한다. 칼 융Carl Jung은 개인이 자신의 그림자를 인정하고 통합하는 과정을 통해 심리적 성숙을 이룰 수 있다고 보았고 긍정심리학에서는 힐링을 통해 개인이 자신의 강점을 발견하고 활용하여 행복감을 높일 수 있다고 강조한다.

그랬다. 외부에서 찾는 힐링이 아니어도 내 안에서 찾아갈 수 있고, 일상에서 발견할 수 있다는 것을 깨닫기 시작하면서 내면의 코어에 집중하기 시작했다. 방법이 거창할 필요도 없었으며 시간을 길게 잡고 시작하지 않아도 되는 방법을 알게 되었다.

## 하루 5분, 셀프힐링의 시작

셀프힐링Self-healing이란? 개인이 스스로를 치유하고 회복하는 과정을 의미한다. 이는 외부의 도움 없이 자신의 내면을 탐구하고, 스트레스와 어려움을 극복하기 위한 방법을 찾는 것을 포함한다. 하루를 돌아보는 복기의 과정을 통한 '돌아봄'의 작업이라고 덧붙이고 싶다. 해외 전문가들의 여러 자료에서 정의한 것을 보면 자기 내부, 지금, 치유가 연결되는 개념이라고 본다.

나는 하루 5분 셀프힐링을 제안한다. 스스로가 할 수 있는 것이며 하루 잠깐, 하루 한 번 언제든 상관없이 내면의 움직임을 느껴보는 것이다. 간단하지만 자주 할 수 있는 것이 좋고, 몸이 움직이는 만큼 마음도 움직이기에 작지만 사소한 행동들을 스스로 발견해나가는 것이다. 그 방법을 제한적으로 두고 반복하는 것이 아니라, 무제한적인 모든 행동들을 열어놓고 시도해 보라.

나를 소개할 때 교육을 하면서 몇 번을 쓰고 고치기를 반복했었다. 꾸준히 셀프힐링에 대한 내면 작업이 반복될수록 '국내 1호 셀프힐링 전문가'라는 호칭에 애정도 갔다. 부르면 부를수록, 불러주면 불러줄수록 그런 사람이 되어가고 있다는 것을 몸소 느끼기 때문이다. 일상을 좀 더 면밀하게 관찰하면 관찰할수록 누가 시키지 않아도 하게 되는 것, 다른 사람과 꼭 공유하거나 똑같지 않아도 되는 것이다. 여기서 중요한 것은 그 힐링 포인트를 하루 한 줄이라도 남겨보자는 것이다. 긍정의 전염을 통해 한 줄이 두 줄이 되고 일상의 챌린지가 된다면 더할 나위 없이 우리는 연결될 수 있다.

## 일상 속 '나'를 발견하는 짜릿함: 5분 셀프 케어의 마법

스스로에게 돌봄 질문을 하고 하루 5분, 하루 한 번 기록의 시간을 가졌다. 사람은 하루를 살지만 그 일상과 일터에서의 순간은 너무나 빨리 사라지는 것이 아쉬웠다. 한참 크는 아이들이 그때가 가장 예뻐서 눈에 넣고 마음에 넣고 사진에 넣는 것처럼, 지나가는 시간을 붙잡을 수는 없지만 머물렀던 온도는 영원할 수 있기 때문이다.

왜 자꾸 감정이 흔들리는지, 왜 나는 앞만 보고 가는데 늘 바빠서 허덕이며 소진되는지, 계속 무언가를 하고 있으나 경계함이 몰려와 버겁다든지, 늘 몰입이 안 되고 성취감도 없고 약간의 흐릿한 무기력이 생긴다든지, 이 모든 것은 '멈춤의 신호'라고 볼 수 있다. 나의 중심이 어디에 있는지 모르고 모호함에 쫓기고 있다는 증거이다. 이 훈련을 오래 하다 보니 온전하게 몰입할 수 있었고, 지금의 성취감을 통해 이루어질 나에게 집중하는 삶을 살게 되었다. 그 누구의 눈치도 보지 않고 올곧게 힘을 발휘하고 나아가는 나를 발견하는 짜릿함을 매일 선물받는다.

어느새 흐리멍텅했던 머릿속이 정리가 되었고, 내일을 맞이하는 설렘도 잠깐이라도 가질 수 있었다. 강력한 마취제 같은 보상보다 오랫동안 유지될

## 하루 5분, 나를 위한 투자

하루 한 번, 하루 5분, 하루 한 줄, 하루의 나를 발견하면 된다.

자기 돌봄은 나를 다시 시작하게 만드는 힘을 준다. 내 몸과 마음에 귀를 기울이고, 내가 원하는 것을 느껴보라. 단순한 활동이라도 괜찮다. 이 작은 시간이 쌓이면 어느새 당신은 더 단단하고 평온한 삶을 만들어 갈 수 있다. 셀프힐링을 위한 일상 챌린지들을 소개해본다.

## 하루 5분 챌린지: 나만의 삶을 깨우는 시간

✓ **5분 자연 명상 챌린지**
- **방법**: 베란다나 창문가에 서서 5분 동안 자연의 소리를 듣거나, 하늘과 나무를 바라보며 시간을 보내 본다. 도시 한복판이라면 머릿속으로 푸른 산이나 바다를 떠올려도 좋다.
- **느낌**: 마음이 차분해지고, 복잡했던 생각이 정리되는 경험을 할 수 있다.

✓ **감각 깨우기 챌린지**
- **방법**: 주변의 감각을 5분 동안 집중적으로 탐색한다. 손으로 테이블의 질감을 느껴보고, 바람 온도를 느껴보고, 커피 향을 깊이 들이마셔 본다.
- **느낌**: 일상 속에서 무심코 지나쳤던 것들이 새롭게 다가온다.

✓ **5분 즉흥 글쓰기 챌린지**
- **방법**: 노트나 스마트폰 메모 앱을 꺼내 '오늘 가장 강렬했던 기분' 또는 '가장 기억에 남는 한 장면'을 주제로 빠르게 글을 써본다. 문법과

형식을 신경 쓰지 않아도 된다.
- **느낌**: 머릿속 어지러웠던 생각들이 정리되며 뿌듯함을 느낄 수 있다.

✓ **5분 창작 챌린지**
- **방법**: 종이와 펜, 색연필을 꺼내 5분 동안 아무 그림이나 그려본다. 그림 솜씨에 신경 쓰지 말고, 오늘의 감정을 자유롭게 선으로 표현해 본다.
- **느낌**: 감정을 시각적으로 풀어내며 해방감을 느끼게 된다.

✓ **책 속 한 문장 발견 챌린지**
- **방법**: 주변에 있는 책 한 권을 꺼내 아무 페이지나 펼친 뒤, 가장 마음에 드는 문장을 한 줄 적고 생각해 본다. 그 문장이 오늘의 나에게 어떤 의미인지 떠올려본다.
- **느낌**: 단 한 줄의 문장이 내 하루에 영감을 줄 수 있다.

✓ **5분 카운트다운 정리 챌린지**
- **방법**: 휴대전화 타이머를 5분에 맞추고, 주변에서 눈에 띄는 물건 5개를 정리한다. 탁자 위, 서랍 속 무엇이든 좋다.
- **느낌**: 짧은 시간이지만 공간과 마음의 정리가 동시에 이루어진다.

✓ **미니운동 챌린지**
- **방법**: 간단한 스트레칭부터 시작해 스쿼트, 팔굽혀펴기 등 간단한 동작을 5분 동안 진행한다.

- 느낌: 몸이 가벼워지고, 몸속 활력이 도는 기분을 느낄 수 있다.

✓ **5분 음악 감상 챌린지**
- 방법: 좋아하는 음악 한 곡을 틀어놓고 가사를 음미하며 들어본다. 또는 단순히 음악의 멜로디에 몸을 맡겨 리듬에 맞춰 움직여 본다.
- 느낌: 음악이 마음을 풀어주고, 하루의 기분을 환기해준다.

✓ **5분 생각 정리 챌린지**
- 방법: 오늘 가장 해결하고 싶은 고민 한 가지를 떠올린 뒤, 해결 방법을 두 가지 이상 적어본다. 해결책이 아니라도, 단지 생각의 실마리라도 좋다.
- 느낌: 복잡했던 고민이 조금 더 명확해지는 경험을 할 수 있다.

## 하루 5분 셀프힐링 노트

'하루 5분 챌린지'를 마친 후에는 짧은 힐링 메시지를 남겨보세요! 그 한 줄이, 마법처럼 긍정적인 활력과 생기를 불어넣는 소중한 시작이 될 수 있어요!

---

( # 아침 )　( # 자연 명상 )　( # 창문 앞 )

✓ 햇살이 마음을 부드럽게 만들어 주었다.

( # 점심 )　( # 미니 운동 )　( # 사무실 근처 )

✓ 몸이 가벼워지고 기분이 상쾌해!

( # 저녁 )　( # 즉흥 글쓰기 )　( # 카페에서 )

✓ 글로 내 기분을 풀어내니 개운해!

---

- ✓ 시간
- ✓ 활동 이름
- ✓ 장소
- ✓ 한 줄 힐링

,

Today : _____ · _____ · _____     (Date : _____ )

---

( # _____ )   ( # _____ )   ( # _____ )

✓ ...........................................................................

( # _____ )   ( # _____ )   ( # _____ )

✓ ...........................................................................

( # _____ )   ( # _____ )   ( # _____ )

✓ ...........................................................................

( # _____ )   ( # _____ )   ( # _____ )

✓ ...........................................................................

---

2 6 2

# 7 장

# 내 안의 다양한 나를 품는 여정

,

## 마음속 '나'의 조각들: 내면의 목소리 듣기

우리 마음은 다양한 역할과 감정을 가진 여러 '나'들로 이루어져 있다고 설명한다. 이는 마치 우리 안에 다양한 인격을 가진 조각들이 살고 있는 것과 같다. 기쁠 때는 신나고 자신감 넘치는 '나'가 활약하다가도, 힘들 때는 경계하고 숨고 싶어 하는 '나'가 불쑥 나타나 우리를 힘들게 한다.

## 내 안의 '나'에게 말을 거는 지혜

내 안의 진짜 나에게 말을 거는 네 가지 방법을 제안한다.

### ✓ 잠시 멈추고 내 안을 궁금해하는 마음

"지금 내 안의 어떤 '나'가 이렇게 느끼고 있지? 왜 그럴까? 어떤 이야기를 하고 싶을까?", "내가 왜 이렇지?"라고 자책하는 대신, 마치 처음 보는 존재를 관찰하듯이 '호기심을 가지고' 자신의 내면을 바라본다. "아, 지금 내 안의 '지친 나'가 나에게 무언가를 말하려 하는구나! 왜 이렇게 아무것도 하기 싫을까?"하고 그 마음을 궁금해하는 것이다.

### ✓ 힘들어하는 '나'에게 따뜻하게 말 걸기

내 안의 '상처받은 나'나 힘들어하는 '나의 조각들'에게 말을 걸어본다. "얼마나 힘들었니? 정말 아팠겠구나. 괜찮아. 네 잘못이 아니야. 내가 여기 있어."라고 따뜻하게 위로하고 지지해 준다. 마치 가장 소중한 존재를 대하듯 하면 된다.

### ✓ 부분들의 숨겨진 의도를 이해하는 시선

나를 힘들게 하는 '나의 조각들'의 행동이 사실은 나를 보호하려는 나름의 방식이었음을 이해하려고 노력한다. 그 행동 뒤에 숨겨진 '긍정적인 의도'를 찾아보는 것이다. 사람들과 관계 맺는 것을 피하고 혼자 있으려 할 때, "나는 왜 이렇게 사회성이 없을까?"라고 자책하는 대신, "아, 내 안의 '숨어버리는 나'는 과거에 상처받았던 '나'를 보호하려고 애쓰는구나."

라고 말해주는 것이다.

### ✓ '진정한 자기'의 힘으로 작은 행동 시작하기

무기력 때문에 아무것도 시작할 용기가 나지 않을 때, 관계 맺기가 두려울 때, 완벽해야 한다는 부담감을 내려놓아 본다. 내 안의 '진정한 자기'가 가진 '용기'와 '활력'을 믿고 아주 작더라도 한 걸음 내딛는 것이다. 결과에 상관없이 시도하는 것 자체에 의미가 있다. 그리고 혼자 하기 어렵다면, 신뢰할 만한 사람과 '연결'하여 도움을 요청하거나 함께 한다.

# 8장

# 내적 동기로 강해진 나

,

## 외적 보상 vs 내적 만족

내적 동기로 전환한다는 것은 우리가 외적인 보상이나 인정을 추구하던 방식에서 벗어나, 행동 그 자체에서 만족과 의미를 찾는 삶으로 전환하는 것을 뜻한다. 이는 외부의 평가나 결과에 얽매이지 않고 스스로의 가치와 열정을 기반으로 한 동기를 찾아가는 과정이다. 내적 동기에 집중하는 것은 우리 삶에 깊은 변화를 가져온다.

예를 들어 오랫동안 회사에서 인정을 받기 위해 매일 야근하며 항상 '능력 있는 사람'으로 보이기를 원했던 워커홀릭이 있다. 그녀의 성과는 눈에 띄었지만, 속으로는 점점 더 공허함과 피로감에 짓눌릴 수 있었다. 이때 "정말 이 일을 즐기고 있는 걸까, 아니면 단지 인정받고 싶어서 노력하고 있는 걸까?"라며 되돌아보기가 필요한 것이다. 회사의 평가가 아닌, 본인이 정말로 하고 싶은 일에 대한 관심을 되찾기 위해 업무 외 시간을 활용했다.

그녀가 오랫동안 관심을 두었던 것은 그림 그리기였다. 그래서 매일 퇴근 후 30분씩 스케치를 하는 시간을 가지기 시작했다. 처음에는 익숙하지 않은 작업이었지만, 시간이 지나자 그림을 그리는 순간순간이 그녀에게 큰 즐거움과 충족감을 주기 시작했다. 외부의 인정이 필요 없었다. 그녀가 그리는 모든 선과 색감은 오직 그녀 자신을 위한 것이었기 때문이다. 그 결과, 그녀는 일상의 피로를 덜 느끼고, 더 나아가 업무에도 긍정적인 영향을 받았다. 스트레스가 줄어들면서 창의적인 아이디어가 떠오르기 시작했던 것이다.

## 내적 동기가 가져오는 놀라운 변화

내적 동기에 집중하면 우리 삶에 다음과 같은 놀라운 변화가 일어난다. 첫째, 행동의 즐거움과 의미를 발견한다. 일을 하거나 취미 활동을 하는 이유가 외적 보상이 아니라, 그 자체에서 즐거움을 찾게 되는 것이다. 예를 들어, 요가 자체에서 즐거움을 느끼기에 아침에 일어나기 힘들어도 기꺼이 몸을 움직이게 된다.

둘째, 스트레스와 압박이 완화된다. 외부의 평가에 덜 흔들리기에 스트레스를 덜 느끼고 더 자유롭게 행동할 수 있게 된다. 예를 들어 밤에 그림을 그리는 시간이 행복하다면, 그 순간만큼은 스트레스가 사라지고 진정한 힐링을 경험한다.

셋째, 창의성과 자발성이 향상된다. 내적 동기는 우리가 창의력을 발휘하고 스스로 더 많은 아이디어를 내게 만든다. 예를 들어, 우주에 관심이 생겨 혼자 연구하다가 재밌는 아이디어를 떠올려 프로젝트를 만들게 되는 것이다.

넷째, 지속 가능한 동기를 부여한다. 외적 보상이 사라지더라도 내적 동기는 지속되기 때문에, 더 꾸준하게 목표를 추구할 수 있게 된다. 마지막으로, 삶의 질이 향상된다. 자신의 행동에서 진정한 의미와 가치를 발견하게 되면서 전반적인 삶의 질이 올라가는 것이다.

## '멈춤'의 미학

말 그대로 마음에서 시키는 일, 이유 없는 행동의 시간을 늘려야 한다. 작은 일상 속에서 바라보는 시각의 차이를 발견하는 것이 더 중요하다. 거창한 방법이 아니라, 멈출 수 없었던 나를 멈추어도 괜찮은 나로 허가해 주면 된다. 이 책을 쓰고자 했을 때도 나는 일보다는 쉼을 생각했고, 루틴보다는 멈춤을 먼저 떠올렸다. 일상을 쉼처럼, 쉼을 일상처럼 살아갈 수 있는 숨통 하나를 틔우는 것이 필요했다. 온전한 멈춤은 나 자신과의 연결을 가능하게 한다. 무엇을 향해 달려갔는지를 돌아보고 재점검해볼 수 있는 기회를 준다는 것을 알았다. 내면의 회복과 자기 성찰 없이 행위로만 쉬는 쉼은 '겉으로만 쉬는 쉼'이다. 몸과 마음과 행동을 멈추고 대화할 수 있는 '리셋 상태'인지가 더 중요하다. 더 잘 쉬기 위해 스트레스를 받고 있다면, 멈춰서 보라는 신호이다. 따라서 멈춤은 외면의 고요함을 넘어, 내면의 참된 나를 마주하고 평화를 찾는 여정이다.

9장

# 온전한 자기 돌봄을 위한 '액티브'의 힘

,

여러분은 이 책을 통해 혼잣말 속에서 나를 알아가고, 스스로에게 인정과 격려를 건네며 내면을 단단히 하는 여정을 걸어왔다. 하지만 이러한 내적 작업만으로는 온전한 자기 돌봄이 완성되지 않는다. 내면의 성장이 실제 삶의 변화로 이어지지 못하면, 우리는 다시 '생각 따로 행동 따로'라는 무기력의 덫에 빠지게 된다. 인지적 무기력이 깊어지는 이유가 바로 여기에 있다. 머릿속에서는 모든 것을 이해하고 계획해도, 그것이 실제 행동으로 옮겨지지 않는 단절의 순간, 우리의 돌봄은 미완으로 남는다.

이 마지막 장에서 '액티브'의 중요성을 강조하는 이유가 바로 이것이다. '액티브'는 단순히 '더 많이 움직여라!'는 강요가 아니다. 우리가 그동안 배워온 자기 인식과 내적 성찰을 삶의 에너지를 작동시키는 실질적인 '동력'으로 삼는 것을 의미한다. 감정이 가라앉아 있을 때, 혹은 길이 보이지 않을 때에도, 의식적으로 아주 작은 행동이라도 시도하는 것은 무기력이 습관이 되는 것을 막아준다. 이 작은 시도가 생각과 행동 사이의 끊어진 연결고리를 이어주고, 비로소 내면의 깨달음이 현실의 삶을 움직이게 하는 진정한 힘이 되는 것이다.

멈춰 서서 내 마음 상태를 들여다보는 일은 중요하다. 하지만 그 자각에서 멈추지 않고, 작고 사소한 움직임으로 '실제로 나를 돌보는 행동'을 시작할 때 진짜 변화는 시작된다. 오늘의 작은 걸음이 쌓여 내 삶의 결을 조금씩 바꾸어 나가는 것이다.

## 아주 작은 움직임부터 시작하기

무기력할 때 스스로를 다그치는 건 쉽지만, 그렇게 스스로를 몰아붙여도 달라지는 건 없다. 가끔은 멈춰서 내 감정을 그대로 인정하는 시간이 필요하다. '지금 내가 이렇게 느끼는 것도 괜찮다'하고 말이다.

하지만 그 속에서 '내가 할 수 있는 아주 작은 일은 무엇일까?' 슬며시 떠올려보는 것도 잊지 말아야 한다. 거창하지 않아도 좋다. 10분 정도 산책을 하거나, 방 한구석을 정리하거나, 좋아하는 음악을 듣거나, 따뜻한 차 한 잔을 마시는 것만으로도 충분하다.

그렇게 작고 사소한 움직임들이 마음과 생각 사이의 끊어진 고리를 조금씩 부드럽게 연결하며, 결국에는 다시 삶을 향해 나아갈 힘을 준다.

### 오늘의 마음 다독임

작은 움직임과 깊은 이해가 모여 내 삶의 희망을 다시 피운다는 사실을 믿는다. 그리고 그 과정에서 나 자신을 따뜻하게 받아들이며, 격려하는 마음이 무엇보다 귀하다는 것도 말이다.

이제 오늘 하루도 내가 나를 아끼는 마음으로 살며 작은 걸음을 내딛는 하루가 되기를 바란다. 한 걸음 한 걸음이 결국 삶의 변화를 만들어 낼 것임을 부드럽게 기억하며, 진정한 자기 돌봄은 단 한 번의 이벤트가 아니다. 그것은 매 순간 내가 나를 돌보는 선택과 행동들이 쌓여 만들어지는 지속적인 삶의 태도다. 외부의 시선이나 조건에 상관없이 나 자신을 위해 움직이고 스스로를 책임지는 용기 있는 선택이다.

결국 '액티브'는 나를 위한 가장 적극적인 사랑의 표현이다. 이 책에서 배운 모든 것들이 당신의 삶 속에서 진정한 의미를 찾아 온전한 돌봄으로 이어지기를 진심으로 바란다.